2019 年改訂指導要録対応
シリーズ **学びを変える新しい学習評価**

文例編

新しい学びに向けた新指導要録・通知表
〈中学校〉

［編集代表］
田中耕治

［編　著］
盛永俊弘
田中容子

ぎょうせい

シリーズ刊行にあたって

　2017年3月の学習指導要領改訂を受け、2019年1月に「児童生徒の学習評価の在り方について（報告）」が公表され、3月に「小学校、中学校、高等学校及び特別支援学校等における児童生徒の学習評価及び指導要録の改善等について（通知)」が発出されました。

　今回の新しい学習評価の考え方や新指導要録の通知においては、新学習指導要領が求める「資質・能力」の育成、「主体的・対話的で深い学び」、各教科等の目標や「見方・考え方」など、実践を行うにあたって深い理解を必要とするキー・テーマが内蔵されており、まさにこれらの深い理解が、これからの授業づくりや評価活動にとって、必要不可欠な条件となっています。

　そこで、本企画では、これらのキー・テーマに関する、気鋭の研究者と実践家を総結集して、「学びを変える新しい学習評価」に向けての総合的な理解を図り、具体的な実践の手立てを提供することを目指そうとするものです。本シリーズの5巻は以下のように構成しました。

理論・実践編1　**資質・能力の育成と新しい学習評価**　➡［新しい学習評価がわかる・深く学べる巻］
理論・実践編2　**各教科等の学びと新しい学習評価**　➡［各教科・領域の指導と評価を創る巻］
理論・実践編3　**評価と授業をつなぐ手法と実践**　➡［評価を実践する巻］
文例編　**新しい学びに向けた新指導要録・通知表〈小学校〉**　➡［評価を伝える・記録する巻］
文例編　**新しい学びに向けた新指導要録・通知表〈中学校〉**　➡［評価を伝える・記録する巻］

　読者は、関心のある巻から、また興味を惹く章から読み始めていただければ、新しい学習評価を踏まえた豊かな授業づくりのヒントをたくさん得ることができるでしょう。

　最後になりましたが、ご多用、ご多忙な中で、執筆を快くお引き受けいただき、玉稿をお寄せいただきました執筆者の皆様に、心から御礼申し上げます。また、「評価の時代」にふさわしく、全5巻のシリーズ本を企画していただきました株式会社「ぎょうせい」様と、編集担当の萩原和夫様、西條美津紀様、今井司様に、この場を借りて深く感謝申し上げます。

シリーズ編集代表

田中耕治（佛教大学教授、京都大学名誉教授）

目　次

第 1 章

学習・指導の改善に生かす
「指導要録」と「通知表」

指導要録の意義と役割

（1）指導要録の法的位置付け

①　指導要録とは

◇指導要録はその作成が法的に義務付けられている公文書である。

- 校長は、その学校に在学する児童等の指導要録（学校教育法施行令第31条に規定する児童等の学習及び健康の状況を記録した書類の原本をいう。以下同じ。）を作成しなければならない。
- 校長は、児童等が進学した場合においては、その作成に係る当該児童等の指導要録の抄本又は写しを作成し、これを進学先の校長に送付しなければならない。
- 校長は、児童等が転学した場合においては、その作成に係る当該児童等の指導要録の写しを作成し、その写し（転学してきた児童等については転学により送付を受けた指導要録（就学前の子どもに関する教育、保育等の総合的な提供の推進に関する法律施行令（平成26年政令第203号）第8条に規定する園児の学習及び健康の状況を記録した書類の原本を含む。）の写しを含む。）及び前校の抄本又は写しを転学先の校長、保育所の長又は認定こども園の長に送付しなければならない。（学校教育法施行規則第24条）

②　様式の決定者と作成主体

◇指導要録の様式を決めるのは学校設置者の教育委員会である。

　現実には文部科学省が学習指導要領の改訂ごとにその趣旨を踏まえた「指導要録の様式の参考案」を提示し、それをもとにして自治体が様式を作成している。それは児童生徒が自治体を転出・転入する場合に学籍等の記録として指導要録も移動するが、その様式が自治体ごとに大きく異なると不便が生じるという事情を踏まえたものである。

◇指導要録の作成は各学校の校長の責任の下に行われる。

③　保存期間

◇指導要録及びその写しのうち入学、卒業等の学籍に関する記録については20年間、その他の記録は5年間、保存しなければならない。

（2）指導要録の機能

◇指導要録は指導機能と証明機能という二つの機能を持つ。

　指導要録は、学校が在学する児童生徒の学習及び健康の状態を記録した書類の原本で、児童生徒の学習及び健康の記録であると同時に、進学や転校・転学の際にそれ以前に児童

生徒が教育を受けていたことを証明するものである。

（3）指導要録の活用（中学校）

◇指導要録に記述されている観点別評価と各教科の評定は、一人一人の児童生徒について
　の次の学年や学校段階における指導の改善に活用されるべきものである。

　一人一人の児童生徒の発達や成長をつなぐ視点で資質・能力を育成し、学習内容を確実に身に付ける観点から、個に応じた指導を一層重視する必要がある。観点別評価は学習の達成状況を分析的に捉えることによって学習の改善を要する点がどこにあるかをきめ細かに示すもの、評定は学習指導要領に定める目標に照らしてその実現状況を総括的に評価するものである。それらの評価を結果として見るのではなくて、次の段階の指導へとつなげていくことが求められている。

◇高等学校入学者選抜において利用される調査書の原簿となる。

　しかし、本来中学校における学習評価は学習や指導の改善を目的として行われているものである。評価の目的が高校入学者選抜に用いることであってはならない。

　「新しい学習指導要領の趣旨を踏まえた各高等学校の教育目標の実現に向け、入学者選抜の質的改善を図るため、改めて入学者選抜の方針や選抜方法の組合わせ、調査書の利用方法、学力検査の内容等について見直しを図ることが必要である」（「児童生徒の学習評価の在り方について（報告）」（以下「報告」）p.22）

2　指導要録改善のポイント

（1）改善のねらいと内容

①　改善の背景

　今回の指導要録改善は平成28年12月21日に中央教育審議会から出された「幼稚園、小学校、中学校、高等学校及び特別支援学校の学習指導要領等の改善及び必要な方策等について（答申）」（以下「答申」）によるものである。

◇答申が展望する21世紀のこれからの社会

　知識基盤社会であり、情報化やグローバル化といった社会的変化が人間の予測を超えて加速度的に進展する。そのことがすべての子どもたちの生き方に影響する。

◇その中で子どもたちに期待されていること

　・変化を前向きに受け止め、社会や人生を、人間ならではの感性を働かせてより豊かな

出典：中央教育審議会「幼稚園、小学校、中学校、高等学校及び特別支援学校の学習指導要領等の改善及び必要な方策等について（答申）【概要】」平成28年12月21日、p.24

図1　学習指導要領改訂の方向性

ものにしていくこと。

・予測できない変化に受け身で対処するのではなく、主体的に向き合って関わり合い、その過程を通して、自らの可能性を発揮し、よりよい社会と幸福な人生の創り手となること。

◇求められる教育の内容

「何ができるようになるか」「何を学ぶか」「どのように学ぶか」の内容が三本柱として示され、特に「何ができるようになるか」と「どのように学ぶか」について詳細に方向性が示されている（図1）。

② 求められている力—「何ができるようになるか」—

答申はこれからの社会の中で子どもたちに求められる力の内実を次のように述べている。

・社会的・職業的に自立した人間として、我が国や郷土が育んできた伝統や文化に立脚した広い視野を持つ。

・理想を実現しようとする高い志や意欲を持って、主体的に学びに向かう。

・必要な情報を判断し、自ら知識を深めて個性や能力を伸ばし、人生を切り拓いていくことができる。

・対話や議論を通じて、自分の考えを根拠とともに伝えるとともに、他者の考えを理解し、自分の考えを広げ深めたり、集団としての考えを発展させたり、他者への思いやりを持って多様な人々と協働したりしていくことができる。

・変化の激しい社会の中でも、感性を豊かに働かせながら、よりよい人生や社会の在り方を考え、試行錯誤しながら問題を発見・解決し、新たな価値を創造していくとともに、新たな問題 の発見・解決につなげていくことができる。

　以上のような力が、育てたい資質・能力として表現されているのが図1中の以下の部分である。

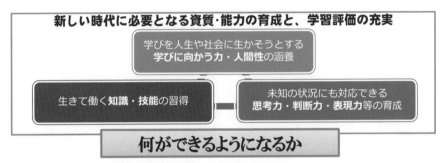

図2　新しい時代に必要となる資質・能力の育成と、学習評価の充実

　各教科等において何を教えるかという内容とともに、その内容を学ぶことを通じて「何ができるようになるか」を意識した指導が求められている。

　育成すべき資質・能力を表現すると以下の表のようになる。

表1　新しい資質・能力の内容（報告を参考に筆者作成）

資質・能力	「資質・能力」の内容を問う視点
●生きて働く「知識・技能」	何を理解しているか、何ができるか
●未知の状況にも対応できる「思考力・判断力・表現力等」	理解していること・できることをどう使うか
●学びを人生や社会に生かそうとする「学びに向かう力・人間性」	どのように社会・世界と関わり、よりよい人生を送るか

③ 「どのように学ぶか」

　上記の力を育成するための学び方として、答申は「主体的・対話的で深い学び」を提起している（図3）。

◇「主体的・対話的で深い学び」

　「主体的・対話的で深い学び」という文言は、質の高い学びを通して学習内容を深く理解し、資質・能力を身に付け、生涯にわたって能動的（アクティブ）に学び続けるようにすることを意味している。

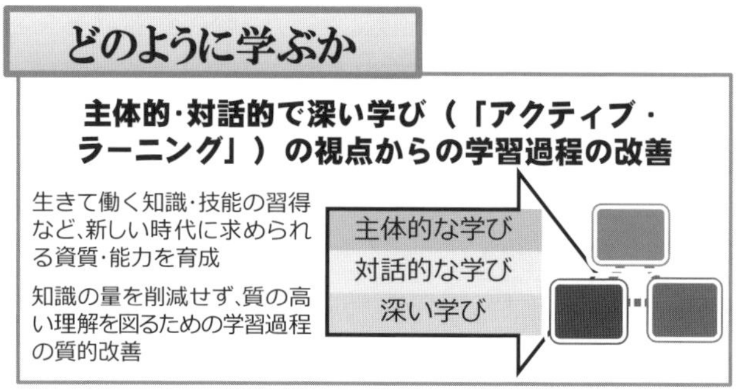

図3　どのように学ぶか

◇授業改善の視点

「主体的・対話的で深い学び」を実現するために、「答申」は以下のように授業改善の視点を示している。

［1］学ぶことに興味や関心を持ち、自己のキャリア形成の方向性と関連付けながら、見通しを持って粘り強く取り組み、自己の学習活動を振り返って次につなげる「主体的な学び」が実現できているか。

［2］子供同士の協働、教職員や地域の人との対話、先哲の考え方を手掛かりに考えること等を通じ、自己の考えを広げ深める「対話的な学び」が実現できているか。

［3］習得・活用・探究という学びの過程の中で、各教科等の特質に応じた「見方・考え方」を働かせながら、知識を相互に関連付けてより深く理解したり、情報を精査して考えを形成したり、問題を見いだして解決策を考えたり、思いや考えを基に創造したりすることに向かう「深い学び」が実現できているか。

④　学習評価の考え方：どのようにして評価するのか

◇評価の方針

「主体的・対話的で深い学び」を実現するためには、学習評価を教育活動の評価と位置付けて、それを教師が指導の改善に生かしていく視点が必要であるとして、「報告」は学習評価の方針を以下の3点にまとめている。

①　児童生徒の学習改善につながるものにしていくこと

②　教師の指導改善につながるものにしていくこと

③　これまで慣行として行われてきたことでも、必要性・妥当性が認められないものは見直していくこと

◇評価の方法

目標に準拠した評価

◇指導と評価の一体化

目標に準拠して評価するために多様な評価法を運用し評価を指導の改善に生かしていく。

　資質・能力のバランスのとれた学習評価を行っていくためには、論述やレポートの作成、発表、グループでの話合い、作品の制作等といった多様な活動に取り組ませるパフォーマンス評価などを取り入れ、ペーパーテストの結果にとどまらない、多面的・多角的な評価を行っていくことが必要である、とされている。

◇観点別学習状況と総合評定

　・観点別学習状況の評価　学習状況を観点ごとに分析的に捉えるもの

　・総合評定　複数の観点別学習状況を総括的に捉えるもの

◇観点の変更　４観点から３観点へと変更

　　旧４観点　「知識・理解」・「技能」・「思考・判断・表現」・「関心・意欲・態度」

変更

新３観点　「知識・技能」・「思考・判断・表現」・「主体的に学習に取り組む態度」

　表示方法に変更はなく、現行と同じ３段階（Ａ・Ｂ・Ｃ）である。

　答申は変化の激しいこれからの社会を生きる子どもたちに必要な資質・能力を提起し、各教科等において何を教えるかという内容とともに、その内容を学ぶことを通じて「何ができるようになるか」を意識した指導を求めている（図４）。

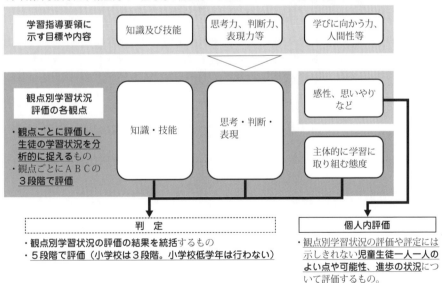

＊この図は、現行の取扱いに「答申」の指摘や新しい学習指導要領の趣旨を踏まえて作成したものである。
出典：中央教育審議会初等中等教育分科会教育課程部会「児童生徒の学習評価の在り方について（報告）」平成31年１月21日、p.6

図４　各教科における評価の基本構造

◇注意点

　資質・能力の柱の一つ「学びに向かう力・人間性」に対応する観点は「主体的に学習に取り組む態度」と「感性、思いやりなど」の二つに分けられ、観点別評価の対象とするのは前者「主体的に学習に取り組む態度」のみである。

　「感性、思いやり」は観点別評価や評定では評価せず、個人内評価（個人の良い点や可能性、進歩の状況について評価）で見取る。

表2　新観点と評価の対象、評価の方法（「報告」pp.7-13を参考に筆者作成）

観点	評価の対象とすること	評価方法についての注意
知識・技能	1：学習の過程を通して知識及び技能を習得しているかどうか	事実的知識の習得を問う問題だけでなく知識の概念的な理解を問う問題も使用する。実際に知識や技能を使う場面を設定する。
	2：その知識及び技能を、既有の知識及び技能と関連付けたり活用したりして他の学習や生活の場面に応用できるかどうか	
思考・判断・表現	獲得した知識及び技能を活用して課題を解決するために必要な思考力、判断力、表現力等を身に付けているかどうか	論述・レポート作成・発表・グループでの話し合い・作品制作・表現、ポートフォリオ等を活用する。
主体的に学習に取り組む態度	1：知識及び技能を獲得したり、思考力、判断力、表現力等を身に付けたりすることに向けた粘り強い取組を行おうとする側面	知識・技能や思考・判断・表現の観点が十分満足できるものであるならば、基本的には学習の調整も適切に行われていると考えられる。評価にあたっては個々人の学習方略を損なうことがないよう留意すべきである。
	2：1に述べた粘り強い取組を行う中で、自らの学習を調整しようとする側面	

◇「主体的に学習に取り組む態度」の評価に際しての注意

　「主体的に学習に取り組む態度」については、挙手の回数やノートの取り方などの形式的な活動ではなく、児童生徒が「子供たちが自ら学習の目標を持ち、進め方を見直しながら学習を進め、その過程を評価して新たな学習につなげるといった、学習に関する自己調整を行いながら、粘り強く知識・技能を獲得したり思考・判断・表現しようとしたりしているかどうかという、意思的な側面を捉えて評価することが求められる」（評価の観点のうち「主体的に学習に取り組む態度」については、学習前の診断的評価のみで判断したり、挙手の回数やノートの取り方などの形式的な活動で評価したりするものではない。子供たちが自ら学習の目標を持ち、進め方を見直しながら学習を進め、その過程を評価して新たな学習につなげるといった、学習に関する自己調整を行いながら、粘り強く知識・技能を獲得したり思考・判断・表現しようとしたりしているかどうかという、意思的な側面を捉えて評価することが求められる。（「答申」p.62）筆者傍線）。

（2）指導要録の位置付けと活用（中学校に関連する部分）

　「報告」は、今後、観点別評価については、目標に準拠した評価の実質化や、教科・校

種を超えた共通理解に基づく組織的な取組を促す観点から、小・中・高等学校の各教科を通じて、「知識・技能」「思考・判断・表現」「主体的に学習に取り組む態度」の３観点に整理することとし、指導要録の様式を改善するとしている。主な改善点は以下である。

◇指導要録の位置付けと留意事項

- 学習評価が教育課程や学習・指導方法の改善と一貫性を持った形であることとし、「カリキュラム・マネジメント」の中で、学習評価を授業改善及び組織運営の改善に向けた学校教育全体のサイクルに位置付けていく。
- 観点別学習状況の評価には十分示しきれない、児童生徒一人一人のよい点や可能性、進歩の状況等については、日々の教育活動や総合所見等を通じて積極的に子供に伝えること。

◇指導要録の活用

「指導要録のうち指導に関する記録については大幅に簡素化し、学習評価の結果を教師が自らの指導の改善や児童生徒の学習の改善につなげることに重点を置くこととする」（「答申」p.17）

- 学習結果を分析的に捉えて学習の改善点がどこにあるかをきめ細かに示す観点別評価、及び総括的評価である評定を、学習指導及びカリキュラムの改善に十分活用する（中学校における学習評価は学習や指導の改善を目的として行われているものであることを踏まえ、児童生徒や保護者の関心が評定や学校における相対的な位置付けに集中することのないように留意することが大切である）。

◇特別支援学校・学級（知的障害）での指導要録記入上の注意

- 特別支援学校（知的障害）各教科については、その学習評価においても観点別学習状況を踏まえて文章記述を行う。
- 教師の勤務負担軽減の観点から、【１】「総合所見及び指導上参考となる諸事項」については、要点を箇条書きとするなど、その記載事項を必要最小限にとどめるとともに、【２】通級による指導を受けている児童生徒について、個別の指導計画の写しを指導要録の様式に添付することをもって指導要録への記入に替えることができる。

◇指導要録作成に関わる改善（学校設置者）

- 統合型校務支援システム等のICT環境を整備し、指導要録の書面の作成、保存、送付に関わる事務の改善を推進する。
- 文章記述欄などの記載事項が共通する指導要録と通知表のデータの連動を図る（手書きによる場合も指導要録の様式を通知表の様式と共通のものとすることが可能である）。
- 指導要録は学習評価の結果を教師が自らの指導の改善や児童生徒の学習の改善につなげることに重点を置く。指導に関する記録については大幅に簡素化して必要最小限のものにとどめ、箇条書きとする。

（3）指導要録の様式

　　学籍の記録欄に変更はない。学習の記録の様式の中で改善があり、従来は独立して設けられていた評定欄が廃止され、評定は教科ごとに観点別評価と並列して表記されることになった。

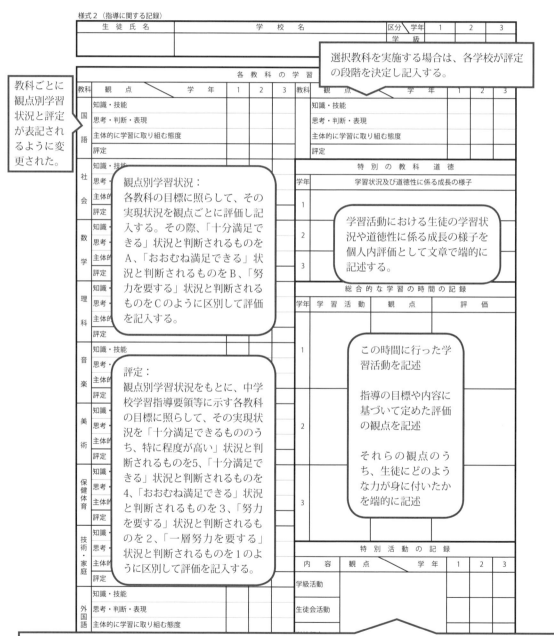

　総合所見及び指導上参考となる諸事項の欄が縮小され、簡潔な記述が求められている。

生　徒　氏　名

> 項目は設置者が設定し、各学校が自らの教育目標に沿って追加できる。評価に当たっては、各項目の趣旨に照らして十分満足できる状況にあると判断される場合に、○印を記入する。

行　動　の　記　録

項　目 ＼ 学　年	1	2	3	項　目 ＼ 学　年	1	2	3
基本的な生活習慣				思いやり・協力			
健康・体力の向上				生命尊重・自然愛護			
自主・自律				勤労・奉仕			
責任感				公正・公平			
創意工夫				公共心・公徳心			

総　合　所　見　及　び　指　導　上　参　考　と　な　る　諸　事　項

第1学年 第2学年 第3学年	以下の事柄について端的に箇条書きで記入する。 【1】各教科や総合的な学習の時間の学習に関する所見 【2】特別活動に関する事実及び所見 【3】行動に関する所見 【4】進路指導に関する事項 【5】生徒の特徴・特技、部活動、社会奉仕体験活動、表彰を受けた行為や活動、学力について標準化された検査の結果等指導上参考となる諸事項 【6】生徒の成長の状況にかかわる総合的な所見（優れている点、長所、進歩の状況、その後の指導において特に配慮を要するもの等）

出　欠　の　記　録

区分＼学年	授業日数	出席停止・忌引等の日数	出席しなければならない日数	欠席日数	出席日数	備　　考
1						
2						
3						

● 参考文献

中央教育審議会「幼稚園、小学校、中学校、高等学校及び特別支援学校の学習指導要領等の改善及び必要な方策等について（答申）」平成28年12月21日

中央教育審議会初等中等教育分科会教育課程部会「児童生徒の学習評価の在り方について（報告）」平成31年1月21日

文部科学省「小学校、中学校、高等学校及び特別支援学校等における児童生徒の学習評価及び指導要録の改善等について（通知）」平成31年3月29日

上記通知「〔別紙2〕中学校及び特別支援学校中学部の指導要録に記載する事項等」

石井英真・西岡加名恵・田中耕治編著『小学校新指導要録改訂のポイント』日本標準、2019年

樋口太郎「Ⅸ指導要録」田中耕治編『よくわかる教育評価　第2版』ミネルヴァ書房、2010年、pp.138-150

3 指導要録と通知表の関係

（1）指導要録と通知表の目的・性格

　指導要録は、「児童生徒の学籍並びに指導の過程及び結果の要約を記録し、その後の指導及び外部に対する証明等に役立たせるための原簿となるもの」で、「指導のための資料」と「対外証明のための原簿」という二つの性格をあわせもっている[1]。

　一方、通知表は、下の表のとおり[2]、法的な根拠のある公簿ではないが、保護者に対して子どもの学習指導の状況などを連絡し、家庭の理解や協力を求める目的で作成されている。

	法的な性格と内容	作成主体	文部科学省の関与
指導要録	・在学する児童生徒の学習及び健康の状態を記録した書類の原本。 ・学校に作成・保管義務（学校教育法施行規則、保管は原則5年。学籍に関する記録は20年）。	・指導要録の様式を定めるのは設置者の教育委員会（地教行法）。 ・作成は校長の権限。	・文部科学省は学習指導要領の改訂ごとにその趣旨を踏まえた「指導要録の様式の参考案」を提示。 ・あくまでも「参考案」。ただし、転出入児童生徒の便宜等の観点から多くの自治体で参考例をもとに様式を作成。
通知表（通信簿）	・保護者に対して子どもの学習指導の状況を連絡し、家庭の理解や協力を求める目的で作成。法的な根拠はなし。	・作成、様式、内容等はすべて校長の裁量。 ・自治体によっては校長会等で様式の参考例を作成している場合も。	・なし。

　実際、二つの性格をあわせもつ指導要録は、高等学校入学者選抜の進路に関する資料などとして、対外証明としての役割を果たしている。

　しかしながら、指導のための資料としては、「相当な労力をかけて記述した指導要録が、次の学年や学校段階において十分に活用されていない」というのが現実である。この背景には、学年末の人事異動や新年度準備に忙殺されている時期での作成、情報開示請求の可能性を考慮しての"無難な所見"の記載など、記録・証明としての機能は満たしても、次年度の指導のための資料としては作成されていない、というのが現状ではないか。なお、多くの時間を割いて作成された指導要録ではあるが、通知表とは異なり、子どもたちの目に触れることのない資料であることも作成の負担感を強めている。

（2）指導要録の簡素化・効率化による教師の負担軽減

　こうした指導要録を巡る現状や教師の働き方改革を反映して、中央教育審議会の「報告」[3]や文部科学省の「通知」[4]では、具体的な指導要録に係る事務の大幅な簡素化、効率化が提案されている。スクラップのない "ビルド・アンド・ビルド" の教育現場にあって、通知表と指導要録の一体化による記述の簡素化は、仕事の軽減としても大きな意味がある。早急に、設置者の市区町村教育委員会等との協議を進めたい。

①　記述の簡素化を図る

　「指導要録の主な改善点」について（「通知」）では、教師の勤務負担軽減の観点から、文章記述の簡素化のため要点を箇条書きにする、通級による指導を受けいている生徒の個別の指導計画の写しの添付による記入の省略などの具体的提案がなされている。

> ・「総合所見及び指導上参考となる諸事項」については、要点を箇条書きとするなど、その記載事項を必要最小限にとどめる。
> ・通級による指導を受けている児童生徒について、個別の指導計画を作成しており、通級による指導に関して記載すべき事項が当該指導計画に記載されている場合には、その写しを指導要録の様式に添付することをもって指導要録への記入に替えることも可能とする。

②　指導要録と通知表の様式の共通化

　また、各学校の設置者が様式を定めることとされている指導要録と、各学校が独自に作成する通知表のそれぞれの性格をふまえた上で、「報告」（p.18）の「指導要録の指導に関する記録に記載する事項を全て満たす通知表を作成するような場合には、指導要録と通知表の様式を共通のものとすることが可能であることを明示する」を受け、「通知」でも以下の点が確認された。この様式の共通化と記述内容の共通化が進展すれば、教師の負担軽減だけでなく、指導のための資料としての機能向上にもつながる。

> ・通知表の記載事項が、当該学校の設置者が様式を定める指導要録の「指導に関する記録」に記載する事項を全て満たす場合には、設置者の判断により、指導要録の様式を通知表の様式と共通のものとすることが現行の制度上も可能である。

③　電子化の推進による効率化

　こうした指導要録をはじめ、通知表、調査書、各教科の評価・評定などに関する事務の簡素化・効率化で必要なのは、統合型校務支援システムなどの電子化の推進である。

　「通知」で指摘されているとおり、電子化の推進には、設置者等の予算措置を含めたICT環境の整備が不可欠であり、今回の学習指導要領の改訂を機に、ICT環境の一層の推進が期待される。

　ただし、電子化の進展にともなう問題（成績等の個人情報の漏洩、入力・操作ミスによる通知表への誤記載など）の防止には万全の注意を払いたい。

・法令に基づく文書である指導要録について、書面の作成、保存、送付を情報通信技術を用いて行うことは現行の制度上も可能であり、その活用を通して指導要録等に係る事務の改善を推進することが重要である。

・特に、統合型校務支援システムの整備により文章記述欄などの記載事項が共通する指導要録といわゆる通知表のデータの連動を図ることは教師の勤務負担軽減に不可欠であり、設置者等においては統合型校務支援システムの導入を積極的に推進すること。仮に統合型校務支援システムの整備が直ちに困難な場合であっても、校務用端末を利用して指導要録等に係る事務を電磁的に処理することも効率的である。

（3）　一人一人の意欲と資質・能力を高める通知表へ

　一方、通知表は、指導要録のような法的な規定は一切ない。しかし、ほとんどの学校で、その学期の学習面での成果と課題、学校生活の様子などを子どもたちと家庭に通知・連絡するものとして作成されている。

　通知表といえば、誰もが受け取るときの"ドキドキ感"を思い出すに違いない。そこに記載されている評価・評定、そして、所見のあたたかな励ましの言葉に、学期の反省と同時に、新たな意欲を喚起された経験をもつ人が多いのではないか。子どもたちにとって意味のある、"学びのスイッチ"が入る通知表を作成したいものである。

①　まずは、「学習評価の基本」に立ち返ることが出発点

　子どもたちの学習評価を真に意味のあるものとするために一番大切なことは、学習評価の在り方として指摘された「子どもたちの学習改善」「教師の指導改善」「必要性・妥当性の認められないものは見直す」ことである（「報告」p.5）。常にその三つの視点に立ち返ることが、学習評価の原点であり、スタートとなる。前例踏襲を廃し、手段である通知表が目的化しないように注意したいものである。学習評価の目的は、決して序列をつけるためでも、値踏みのためでもない。子どもたちの資質・能力を伸ばしていくためにこそある。

> 【1】児童生徒の学習改善につながるものにしていくこと
> 【2】教師の指導改善につながるものにしていくこと
> 【3】これまで慣行として行われてきたことでも、必要性・妥当性が認められないものは見直していくこと

　また、この基本に立ち返ることは、学習評価の課題として指摘されている「学期末や学年末などの事後での評価に終始してしまうことが多く、評価の結果が児童生徒の具体的な学習改善につながっていない」「現行の『関心・意欲・態度』の観点について、挙手の回数や毎時間ノートをとっているかなど、性格や行動面の傾向が一時的に表出された場面を捉える評価であるような誤解が払拭しきれていない」「教師によって評価の方針が異なり、学習改善につなげにくい」（「報告」pp.4-5）などの改善、そして、子どもたちからの疑問や不信感の解消につながる。

② 「評価の方針」を事前に説明、共有することの重要性

　評価規準や評価方法などの「評価の方針」を事前に生徒と共有することは、学習評価の妥当性・信頼性を高めるとともに、生徒自身に学習の見通しをもたせる上で重要である（「報告」p.14）。最近では、1時間ごとの授業に関してだけでなく、単元や題材など内容や時間のまとまりの最初に、単元や題材全体の目標や計画を示す学校も増えてきている。しかしながら、その最初の授業で、評価方法や観点別の重み付け、さらに、その単元が評定にしめる割合など、具体的な「評価の方針」を一緒に示している学校は、まだ多くないのではないか。

　これからの授業は、これまでの1時間を対象とした授業から単元を対象とした授業デザインへ転換することが強く要請されている。それに合わせて、単元最初の授業で、子どもたちに具体的な「評価の方針」を示すことは、子どもたちの学習への見通しとモチベーションを高めるうえでも、評価の妥当性・信頼性を高めるうえでも極めて重要である。

　また、事前に示すためには教師側の授業の見通しが必要不可欠となる。「評価の方針」の事前説明はこれからの授業を変える推進力であり、試金石となることを共通理解し、学校全体の統一的な取組として進めていきたい。なお、当然のことであるが、子どもたちに「評価の結果をフィードバックする際にも、どのような方針によって評価したのかを改めて共有すること」も重要なことである。

> （評価規準や評価方法等の評価の方針等について）……どのような方針によって評価
> を行うのかを事前に示し、共有しておくことは、評価の妥当性・信頼性を高めるとと

もに、児童生徒に各教科等において身に付けるべき資質・能力の具体的なイメージを
もたせる観点からも不可欠であるとともに児童生徒に自らの学習の見通しをもたせ自
己の学習の調整を図るきっかけとなることも期待される。

③　評価観の転換についての理解を深める

　今回の学習指導要領を通して育まれる資質・能力の評価は、資質・能力の三つの柱に合
わせて4観点から3観点（「知識・技能」、「思考・判断・表現」、「主体的に学習に取り組む態
度」）に整理された。

　「主体的に学習に取り組む態度」については、「各教科等の観点の趣旨に照らし、知識及
び技能を獲得したり、思考力、判断力、表現力等を身に付けたりすることに向けた粘り強
い取組の中で、自らの学習を調整しようとしているかどうかを含めて評価」すること、ま
た、「学びに向かう力、人間性等」は、観点別の「主体的に学習に取り組む態度」とは別
に、「観点別評価になじまない感性や思いやりなどは、個人内評価等を通じて見取る」と
された。

　こうした情意領域の妥当性・信頼性のある評価は難しい。一部で見られる「単に継続的
な行動や積極的な発言等を行うなど、性格や行動面の傾向」で評価することでは、評価に
対する不信感を誘発する温床ともなりうる。あくまでも各教科の目標に照らしながら、
「思考力、判断力、表現力」などと一体的に評価すること（3観点を思考力・判断力・表現
力等を軸に統合する視点など）が重要である。当事者である子どもたちの納得感が生まれる
丁寧な説明が望まれる。

　なお、学習評価の結果活用では、「各教科等の児童生徒の学習状況を観点別に捉え、各
教科等における学習状況を分析的に把握することが可能な観点別学習状況の評価と、各教
科等の児童生徒の学習状況を総括的に捉え、教育課程全体における各教科等の学習状況を
把握することが可能な評定の双方の特長を踏まえつつ、その後の指導の改善等を図ること
が重要」であり、「観点別学習状況調査の評価も評定の一種であることに留意」と指摘さ
れている（「通知」）。観点別評価と評定の関係を単なる手続き・判定の問題とせず、ある
意味、「評価＝分析的評定」と「評定＝総括的・総合的評定」の関係として捉えることが
可能といえる。

④　学習評価の組織的・計画的な取組

　教師の勤務負担軽減を図りながら学習評価の妥当性・信頼性を高めるため、学校全体と
しての組織的かつ計画的な取組を行いたい。「通知」では具体的に、「評価規準や評価方法
を事前に教師同士で検討し明確化することや評価に関する実践事例を蓄積し共有する」
「評価結果の検討等を通じて評価に関する教師の力量の向上を図る」「教務主任や研究主任

を中心として学年会や教科等部会等の校内組織を活用する」ことなどが紹介されている。

　ただし、学習評価の問題は、学校規模や教員構成の問題（同一教科の教師が一人だけの学校など）とも重なり、単独の学校だけでは組織的・計画的な取組が困難なことも多い。そこで、各学校の自律性を尊重しながらも、地域の自主的な教育研究会などで、評価・評定の具体的な研究と交流を深めていきたい。

⑤　子どもたちの授業への信頼が、通知表の信頼性を高める

　今、私たちには、未来予測が困難で正解のない時代に生きる子どもたちに、いかにして読解力や考える力、資質・能力などを育成していくかが問われている。授業を変えて、未来に生きる子どもたち一人一人の力を伸ばしたい。また、授業を変えるということは、これまでの学習評価を変えることでもある。授業の全体像とゴールが明確になれば、これまでの「学期末や学年末などの事後での評価に終始しがち」な実践から抜け出し、単元構想を充実させ、本質的な問いや「学校外や将来の生活で遭遇する本物の活動」への授業へと転換できる。ワクワクする授業、"学びのスイッチ"を入れる授業を推進するためにも、「指導要録の負担軽減」と「通知表の充実」を進めたい。今回の学習指導要領の改訂を、学習評価改善の絶好のチャンスとしたいものである。

●注
1　文部科学省「小学校、中学校、高等学校及び特別支援学校等における児童生徒の学習評価及び指導要録の改善等について（通知）」平成22年5月11日
2　中央教育審議会初等中等教育分科会教育課程部会、配付資料、平成19年6月25日
3　中央教育審議会初等中等教育分科会教育課程部会「児童生徒の学習評価の在り方について（報告）」平成31年1月21日（※本文中では「報告」と表記）
4　文部科学省「小学校、中学校、高等学校及び特別支援学校等における児童生徒の学習評価及び指導要録の改善等について（通知）」平成31年3月29日（※本文中では「通知」と表記）

第2章

「指導要録」と「通知表」
記入と取扱いのポイント

「指導要録」学籍の記録

「学籍に関する記録」の欄は、原則として学齢簿（学校教育法施行令第1条）の記載に基づき、学年当初及び異動の生じたときに記入すること。

① 生徒の記録

ア 「氏名」欄は、原則として学齢簿の記載に基づき記入すること。

イ 外国人については、学齢簿に準ずる表簿に基づき氏名は本名で、生年月日は西暦で記入し、通称名を記入する場合には本名の下に括弧書きで記入すること、「ふりがな」は、可能な限り母国語の発音でカタカナを用いて記入すること。

ウ 「氏名」、「現住所」等を変更した場合は、旧氏名、旧住所を取り消し線（二重線）で抹消し、新氏名、新住所を記入する。併せて、変更年月日と事由を括弧書きする。

② 保護者の欄

ア 「氏名」欄は、生徒に対して親権を行う者を、親権者が無い場合は、後見人の氏名を記入する。学齢簿の記載による。

イ 「現住所」については、生徒の現住所と同一の場合には「生徒の欄に同じ」と略記する。しかし、保護者だけ住所が異なる場合には、その住所を記載する。

ウ 「氏名」、「現住所」等を変更した場合は、①のウに倣うこと。

③ 入学前の経歴欄

中学校に入学するまでの教育関係の略歴（在籍していた小学校又は特別支援学校小学部の学校名及び卒業時期等）を記入する。なお、外国において受けた教育の実情なども記入する。

④ 入学・編入学等の欄

第1学年の途中又は第2学年以上の学年に入る場合をいう。a～cの発生した年月日、学年及び事由等を記入する。

a 外国にある学校などで学んでいた生徒が帰国して日本の義務教育を受けることとなった場合

b 児童自立支援施設（児童福祉法第44条による施設）又は少年院（少年院法による施設）に入院していた生徒が退院して小・中学校等に移ってきた場合

c 学校教育法（第18条により、病弱、発育不完全その他やむを得ない事由のため就学困難と認められる場合）の規定によって就学義務の猶予又は免除を受けていた者が、猶予・免除の事由が消滅したことによって就学義務が発生した場合

ア 入学の場合は、生徒が第1学年に入学した年月日を記入し、「第○学年編入学」の

文字を取り消し線（二重線）で抹消する。

イ　編入学の場合は、その年月日、学年及び事由を記入し、「第1学年入学」の文字を取り消し線（二重線）で抹消する。

⑤　**転入学**

他の小・中学校等から転入学してきた生徒について、転入学年月日、転入学年、前に在学していた学校名、所在地及び転入学の事由等を記入する。

⑥　**転学・退学等**

自校に在籍する生徒が、その学校に在籍しなくなった場合に記入する。在籍しなくなる場合としては、「転学」、「退学等」がある。

ア　「転学」

【他の中学校等に転学する場合】

転学先の学校が受け入れた日の前日に当たる年月日（括弧のない「年月日」）、転学先の学校名、所在地、転入学年及びその事由等を記入する。また、学校を去った年月日（括弧の「年月日」）についても併記する。

イ　「退学等」

【在外教育施設や外国の学校に入るために退学する場合】

校長が退学を認めた年月日（括弧のない「年月日」）及びその事由等を記入する。

【学齢（満15歳に達した日の属する学年の終わり）を超過している生徒が退学する場合】

校長が退学を認めた年月日（括弧のない「年月日」）及びその事由等を記入する。

【就学義務が猶予・免除される場合】

在学しない者として取り扱い、在学しないと認めた年月日（括弧の「年月日」）及びその事由等を記入する。

【生徒の居所が1年以上不明である場合】

在学しない者として取り扱い、在学しないと認めた年月日（括弧の「年月日」）及びその事由等を記入する。

【生徒が死亡した場合】

死亡した年月日（括弧のない「年月日」）及びその事由等を記入する。

⑦　**卒　業**

校長が卒業を認定した年月日を記入する。原則、3月末であることが適当である。

⑧　**進学先・就職先等**

ア　進学先の学校名及び所在地、就職先の事業所名及び所在地等を記入する。

イ　家事又は家業に従事した場合は、家事又は家業に従事した旨記載する。

ウ　学齢の超過により退学した者の場合は、退学後の状況もこの欄に記入する。

⑨　学校名及び所在地

　ア　学校名及び所在地は、所管する自治体の学校設置条例に基づく表記を記入する。

　イ　分校の場合は、本校名及び所在地を記入するとともに、分校名、所在地（上記学校設置条例に基づく表記）及び在学した学年を併記する。

　ウ　学校名及び所在地に変更があった場合は、旧学校名又は旧所在地を取り消し線（二重線）で抹消し、下に新学校名又は新所在地を記入する。

　　　変更した年月日及び事由を括弧書きする。

⑩　校長氏名印、学校担任氏名印

　各年度に、校長の氏名、学級担任者の氏名を記入し、それぞれ押印する。

　ア　同一年度内に校長又は学級担任者が代わった場合は、その都度、後任者の氏名を併記する。この場合、前任者名は削除しない。

　イ　一般には学年ごとの記入が終わった学年末に、その記入責任を明らかにする意味で、校長及び学級担任者が、この欄に押印する。

　ウ　校長職務代理者が発令されたとき、学級担任者が休職や退職したとき、学級編制替えが行われたときなどは、校長職務代理者、新しく学級担任者となった者の氏名をそれぞれ記入する。

　エ　生徒が転学又は退学の場合には、記入できる事項については、すべて記入し、校長と学級担任が押印する。指導要録は別に保存する。

　なお、氏名の記入及び押印については、電子署名（電子署名及び認証業務に関する法律第2条第1項に定義する「電子署名」をいう。）を行うことで代えることも可能である。

2　教科における評価・評定の記載のポイントと留意点（教科全体を通して）

（1）基本的な考え方と記入の内容

　「小学校、中学校、高等学校及び特別支援学校等における児童生徒の学習評価及び指導要録の改善等について（通知）」（平成31年3月29日）には、冒頭次のように記載されている。

　「中央教育審議会初等中等教育分科会教育課程部会において、「児童生徒の学習評価の在り方について（報告）」（平成31年1月21日）（以下「報告」という。）がとりまとめられました。報告においては、新学習指導要領の下での学習評価の重要性を踏まえた上で、その基本的な考え方や具体的な改善の方向性についてまとめられています。

　文部科学省においては、報告を受け、新学習指導要領の下での学習評価が適切に行われ

るとともに、各設置者による指導要録の様式の決定や各学校における指導要録の作成の参考となるよう、学習評価を行うに当たっての配慮事項、指導要録に記載する事項及び各学校における指導要録作成に当たっての配慮事項等を別紙1〜5及び参考様式のとおりとりまとめました。」

　中学校における各教科の学習の記録については、別紙2「中学校及び特別支援学校中学部の指導要録に記載する事項等」〔2〕の1に「各教科の学習の記録」という見出しで次のように示されている。

　「中学校及び特別支援学校（視覚障害、聴覚障害、肢体不自由又は病弱）中学部における各教科の学習の記録については、観点別学習状況及び評定について記入する。

　特別支援学校（知的障害）中学部における各教科の学習の記録については、特別支援学校小学部・中学部学習指導要領（平成29年文部科学省告示第73号）に示す中学部の各教科の目標、内容に照らし、別紙4の各教科の評価の観点及びその趣旨を踏まえ、具体的に定めた指導内容、実現状況等を箇条書き等により文章で端的に記述する。」

　次に、内容の記述に関し、「観点別学習状況」については、「中学校及び特別支援学校（視覚障害、聴覚障害、肢体不自由又は病弱）中学部における観点別学習状況については、中学校学習指導要領（平成29年文部科学省告示第64号）及び特別支援学校小学部・中学部学習指導要領（平成29年文部科学省告示第73号）（以下「中学校学習指導要領等」という。）に示す各教科の目標に照らして、その実現状況を観点ごとに評価し記入する。その際、「十分満足できる」状況と判断されるものをA、「おおむね満足できる」状況と判断されるものをB、「努力を要する」状況と判断されるものをCのように区別して評価を記入する。」と評価について記載されている。

　「評定」については、「中学校及び特別支援学校（視覚障害、聴覚障害、肢体不自由又は病弱）中学部における評定については、各学年における各教科の学習の状況について、中学校学習指導要領等に示す各教科の目標に照らして、その実現状況を総括的に評価し記入する。必修教科の評定は、中学校学習指導要領等に示す各教科の目標に照らして、その実現状況を「十分満足できるもののうち、特に程度が高い」状況と判断されるものを5、「十分満足できる」状況と判断されるものを4、「おおむね満足できる」状況と判断されるものを3、「努力を要する」状況と判断されるものを2、「一層努力を要する」状況と判断されるものを1のように区別して評価を記入する。」と記載されている。

（2）学習評価に関する考え方と留意点：「観点別学習状況」及び「評定」欄に記載する評価を行う場合の留意点

① 基本的な考え方

　「観点別学習評価」も「評定」欄に記載する評価も、「目的に準拠した評価」であること

が求められる。つまり、何を学習するのかということを学習者（生徒）と教師が共有できているということが前提になる。

　「目的の実現状況」をどのように判断（評価）するかという視点については、「評価規準」と「評価基準」を明確にする必要があり、その評価方法として「ルーブリック評価」という方法が適切と言える。ルーブリック（Rubric）とは、レベルの目安を数段階に分けて記述して、達成度を判断する基準を示すものである。学習結果のパフォーマンスレベルの目安を数段階に分けて記述して、学習の達成度を判断する基準を示す教育評価法として盛んに用いられるようになった。これまでの評価法は客観テストによるものが主流を占めていたが、知識・理解はそれで判断できたとしても、いわゆるパフォーマンス系（思考・判断、スキルなど）の評価は難しい。ポートフォリオ評価などでルーブリックを用いて予め「評価軸」を示しておき、「何が評価されることがらなのか」についての情報を共有するねらいもある（熊本大学Web[1]）。

　評価規準については、「十分満足」「概ね満足」「努力を要する」という評価規準をどのような「項目・方法」によって評価したのかを明確に提示する「評価基準」が必要になる。加えて重要な点として、学習指導要領に示された目標を踏まえながらも、最終の具体的な目標を設定する際には、自校の生徒実態を踏まえてカリキュラム・マネジメントの視点で目標を設定する必要がある。

② **留意点**

　ア　学力の三要素を踏まえて設定する

　新学習指導要領では、生徒の「何ができるようになるか」という観点を、学力の三要素を踏まえて「資質・能力の三つの柱」として示している。

　　　a　生きて働く「知識・技能」の習得

　　　b　未知の状況にも対応できる思考力・判断力・表現力等の育成

　　　c　学びを人生や社会に生かそうとする学びに向かう力・人間性等の涵養

　イ　学習指導要領に示された「目標」や「内容」を理解するために、「解説」を読み込むことが必要

　ウ　次に、実現するべき「目標」を「単元」レベルに細分化する際に、その単元を構成する「各時間」の目標にズレが生じないように設定作業をすることが必要

　エ　各時間の目標を評価できるように「評価規準」を具体的・明確に設定すること

　オ　各時間に設定した目標をどのように評価するのか評価基準（項目・方法）を設定する際のツール（テスト、ワークシート、パフォーマンス課題、ポートフォリオ課題など）を準備しておくことが必要

　カ　パフォーマンス評価は、学習者である生徒自身が主体的に取り組む活動の中で行われることとなる。そこで、指導計画を立てる際には、生徒に見通しを与えるような工

夫が求められる（2010西岡[2]）

キ　ポートフォリオ評価は、生徒の作品などをファイルに綴じ込んで継続的に学びを記録する方法であり、その活動を通じて生徒自身が、学習の成果と課題を主体的に理解することができ、学習意欲の向上に結び付けると同時に評価に活用できる

●注

1　熊本大学WEB「学習指導・評価論」
　　http://www.gsis.kumamoto-u.ac.jp/opencourses/pf/2Block/05/05-2_text.html（2019/11/08アクセス）
2　小島宏・岩谷俊行編著『新しい学習評価のポイントと実践　第3巻』ぎょうせい、2010年、p.79

3　領域における評価・評定の記載のポイントと留意点（総合／特活）

（1）「総合的な学習の時間」の基本的な考え方と記入の内容

　中学校学習指導要領解説（総合的な学習の時間編）では、改訂の基本的な考え方として「総合的な学習の時間においては、探究的な学習の過程を一層重視し、各教科等で育成する資質・能力を相互に関連付け、実社会・実生活において活用できるものとするとともに、各教科等を越えた学習の基盤となる資質・能力を育成する。」[1] とされており、「探究的な見方・考え方」を育むことが中心となる。

　また、総合的な学習の時間の評価については、「各学校が自ら設定した観点の趣旨を明らかにした上で、それらの観点のうち、生徒の学習状況に顕著な事項がある場合などにその特徴を記入する等、生徒にどのような資質・能力が身に付いたかを文章で記述することとしている。」[2] と数値的に評価することは適当でないとされている点に留意すること。

（2）評価規準・評価基準の設定と評価の方法について

①　学習活動記入の留意点

　各学校が設定する評価規準を学習活動における具体的な生徒の姿として描き出し、期待する資質・能力が発揮されているかどうかを把握することが考えられる。その際には、具体的な生徒の姿を見取るに相応しい評価規準を設定し、評価方法や評価場面を適切に位置付けることが欠かせない。

②　評価規準を設定する際の基本的な考え方

　ア　単元で実現が期待される育むべき資質・能力について設定する。

「各学校の全体計画や単元計画を基に、単元で実現が期待される育成を目指す資質・能

力を設定する。本解説第2章で説明したように、総合的な学習の時間の目標や内容について各学校が設定する際には、年間や単元を通してどのような資質・能力を育成することを目指すかを設定することとしている。このため、評価規準については、年間や単元を通して育成したい資質・能力をそのまま当てはめることができる。そして、各観点に即して実現が期待される生徒の姿が、特に実際の探究的な学習の場面を想起しながら、単元のどの場面のどのような学習活動において、どのような姿として実現されるかをイメージする。」[3] と記載されているので、個々の生徒の活動を思い描きながら、「目標に準拠した評価」となるよう記述すること。

　イ　また、「総合的な学習の時間における生徒の具体的な学習状況の評価の方法については、信頼される評価の方法であること、多面的な評価の方法であること、学習状況の過程を評価する方法であること、の三つが重要である。」[4] と記載されている点に鑑み、①評価規準を教師間で共有し、確認すること、②継続した指導と学習成果を前提とした評価となること、③生徒の成長を多面的に捉えることを念頭に、多面的な評価方法や複数の評価者による評価を総合的に組み合わせることが重要である。

　ここでも、パフォーマンス評価、ポートフォリオ評価を効果的に活用することが求められてくる。

③　「特別活動」の基本的な考え方と記入の内容

　中学校学習指導要領の第1章総則第3「教育課程の実施と学習評価」の2の(1)には、次の記述がある。

> (1)　生徒のよい点や進歩の状況などを積極的に評価し、学習したことの意義や価値を実感できるようにすること。また、各教科等の目標の実現に向けた学習状況を把握する観点から、単元や題材など内容や時間のまとまりを見通しながら評価の場面や方法を工夫して、学習の過程や成果を評価し、指導の改善や学習意欲の向上を図り、資質・能力の育成に生かすようにすること。

　この記述に「学習評価」という表記が新たに明記されていることに留意する必要がある。加えて、生徒が学習したことの意義や価値を実感できるようにすることと、生徒が学習したことの意義や成果を実感できる評価であること、資質・能力の育成が達成できたことを記載することが求められている。特別活動は、教科と同様に目的をもって実施される教育活動であるものの、教科のように学習指導要領に詳細に定められていることもなく、当該生徒の実態に即して教師の創意工夫が求められる教育活動である。つまり、「生徒の実態をみる」ことが求められる教育活動となる。したがって、指導要録の記載に際しても、生徒を日々いかによく観察できているか、この視点で教師の力量が試される領域であ

ることを確認する必要がある。

④　評価規準・評価基準の設定と評価の方法について

ア　学習活動記入の留意点

「総合的な学習」と同様に、「目標に準拠した評価」を実施することが求められる。

そこでは、「評価規準」と「評価基準」の設定が重要となる。「規準」については、目標を明確にしやすい教科とは異なり、目標が曖昧なものになりやすい傾向がある。

「目標に準拠した評価」を実施するためにも、学習指導要領を基本に、各校において規準となる目標について生徒実態に鑑みながら明確にすると同時に、（年間）指導計画を策定することが求められる。

評価の観点は、2（2）②に記載した「学力の三要素」をもとに整理することとは別に、各校で学習指導要領に示された各活動及び学校行事の目標や内容をもとに、適切に観点を作成して評価することが求められる。ただ、評価の観点（基準）が生徒の外部に存在していることを認識するべきである。特別活動は、生徒個人の成長など評価の観点（基準）が生徒の内部にある項目についても、総則が謳うとおりに「生徒のよい点や進歩の状況などを積極的に評価」するという「個人内評価」として補っていく必要がある。このような評価は、日頃の生徒指導の中で個々の生徒にフィードバックするとともに、指導要録では「総合所見及び指導上参考となる諸事項」欄に記載し、記録として残していく。

ここでも、パフォーマンス評価、ポートフォリオ評価を効果的に活用することが求められてくる点は同じである。

●注
1　文部科学省『中学校学習指導要領（平成29年告示）解説　総合的な学習の時間編』p.6
2　同上書、p.121
3　同上書、p.122
4　文部科学省「小学校、中学校、高等学校及び特別支援学校等における児童生徒の学習評価及び指導要録の改善等について（通知）」平成22年5月11日

4　行動の記録／総合所見及び指導上参考となる諸事項における記載のポイントと留意点

（1）「行動の記録」の基本的な考え方と記入の内容：「行動の記録」を記載する際に客観的で妥当性のあるものにするための留意点

「行動の記録」の変遷は、昭和36年2月の文部省通知では、当初13項目にわたって記載することが求められていたものが、昭和46年、昭和55年、平成3年、平成13年（文部科

学省通知）の改訂を経て、平成22年5月の文部科学省通知では、①基本的な生活習慣、②健康・体力の向上、③自主・自律、④責任感、⑤創意工夫、⑥思いやり・協力、⑦生命尊重・自然愛護、⑧勤労・奉仕、⑨公正・公平、⑩公共心・公徳心の10項目に整理された。

　「行動の記録」は、これまで、文部科学省の通知において、「各教科、道徳、特別活動、総合的な学習の時間、その他学校生活全体にわたって認められる児童生徒の行動について、各項目ごとにその趣旨に照らして十分満足できる状況にあると判断される場合には、○印を記入する」こととされており、また、各学校や設置者においては「特に必要があれば、項目を追加して記入する」こととされている。学校においては、「基本的な生活習慣」、「健康・体力の向上」、「自主・自律」等の項目に関し、「児童生徒の行動の様子について評価を行っている。新しい学習指導要領の下においても、このような「行動の記録」の基本的な在り方は維持していくことが重要である」[1]とされている。

　その報告書では、

　ア　新しい学習指導要領に対応した指導要録については、改正教育基本法や学校教育法の一部改正の趣旨を反映していくことや、学校や設置者の創意工夫を生かしていくこととしている。このような基本的考え方は、学校における多様な教育活動全体における行動の様子を評価するものであるという性格をもつ「行動の記録」の見直しにも十分反映していく必要がある。

　イ　すなわち、「行動の記録」の項目の設定に当たっては、教育基本法第2条や学校教育法第21条に示されている義務教育の目標、学習指導要領第1章総則や第3章道徳に示す道徳の目標や内容、内容の取扱いで重点化を図ることとしている事項、同第1章総則において示す体育・健康に関する指導等を踏まえる必要がある。

　ウ　設置者は、国や都道府県教育委員会等の示す参考例を踏まえ、指導要録の様式において項目を適切に設定する必要がある。その上で、各学校において、各学校の教育目標を踏まえた項目を加えることも適当である。

　エ　また、これらのことと併せ、児童生徒の行動に関する所見については「総合所見及び指導上参考となる諸事項」に記すことも重要である。

　以上のことを踏まえると、教育の目標が「人格の完成」であることに鑑みると、指導要録の「行動の記録」は、生徒一人一人の「望ましい人格形成の記録」であると換言できる。そこでは、教師が生徒一人一人の心情や行動を把握し、客観的な根拠に基づいて評価していく必要がある。

　学校組織運営の視点からみれば、次年度の担当教員へ生徒情報を引き継ぎ、さらに生徒一人一人を認めながら伸ばす資料の充実に資することが重要である。

（2）「総合所見」の基本的な考え方と記入の内容：「総合所見」を記載する際に客観的で妥当性のあるものにするための留意点

　中央教育審議会初等中等教育分科会教育課程部会「児童生徒の学習評価の在り方について（報告）」（平成31年1月21日）[2]には、「「総合所見及び指導上参考となる諸事項」など文章記述により記載される事項は、児童生徒本人や保護者に適切に伝えられることで初めて児童生徒の学習の改善に生かされるものであり、日常の指導の場面で、評価についてのフィードバックを行う機会を充実させるとともに、通知表や面談などの機会を通して、保護者との間でも評価に関する情報共有を充実させることが重要である。これに伴い、指導要録における文章記述欄については、例えば、「総合所見及び指導上参考となる諸事項」については要点を箇条書きとするなど、必要最小限のものにとどめる。」という記述がある。

　その趣旨は、近年検討されている「教師の働き方改革」の動向を踏まえ、教師の勤務実態などを踏まえ、指導要録のうち指導に関する記録についても大幅に簡素化し、学習評価の結果を教師が自らの指導の改善や児童生徒の学習の改善につなげることに重点を置くことに主眼がおかれるように変革してきている。

　「小学校、中学校、高等学校及び特別支援学校等における児童生徒の学習評価及び指導要録の改善等について（通知）」（平成22年5月11日）では、次のように示されている。

　「総合所見及び指導上参考となる諸事項については、生徒の成長の状況を総合的にとらえるため、以下の事項等を文章で記述する。

　1　各教科や外国語活動、総合的な学習の時間の学習に関する所見

　2　特別活動に関する事実及び所見

　3　行動に関する所見

　4　生徒の特徴・特技、学校内外におけるボランティア活動など社会奉仕、体験活動、表彰を受けた行為や活動、学力について標準化された検査の結果等指導上参考となる諸事項

　5　生徒の成長の状況にかかわる総合的な所見

　記入に際しては、生徒の優れている点や長所、進歩の状況などを取上げることに留意する。ただし、生徒の努力を要する点などについても、その後の指導において特に配慮を要するものがあれば記入する。」

　この欄は、2001（平成13）年の改訂では、「なお、児童生徒の学習状況を評価するに当たっては、観点別学習状況の評価や評定には十分示しきれない、児童生徒一人一人のよい点や可能性、進歩の状況等についても評価し、このような個人内評価を積極的に児童生徒に伝えることが重要である。このような個人内評価は、現在の指導要録においては、「総合所見及び指導上参考となる諸事項」において記載することとされている。」[3]と個人内評価に

該当する内容を上記の五つの観点で記述することとなっている点は変更がない。全人的な力である「生きる力」の育成を目指す学習指導要領のねらいを踏まえ、指導要録においても、児童生徒の成長の状況を総合的に捉える工夫をすることが必要であるとされている。

●注
1　中央教育審議会初等中等教育分科会教育課程部会「児童生徒の学習評価の在り方について（報告）」平成22年3月24日
　http://www.mext.go.jp/b_menu/shingi/chukyo/chukyo3/004/gaiyou/attach/1292216.html（2019/11/08アクセス）
2　中央教育審議会初等中等教育分科会教育課程部会「児童生徒の学習評価の在り方について（報告）」平成31年1月21日
3　中央教育審議会初等中等教育分科会教育課程部会・児童生徒の学習評価の在り方に関するワーキンググループ教育課程部会「児童生徒の学習評価の在り方に関するワーキンググループ（第12回）資料」平成22年1月25日

5 「指導要録」送付・保存・管理・活用の基本ルール

（1）「指導要録」の取扱いの基本：「指導要録」の取扱いについて留意すべき事項、及び管理職として配慮すべき点

　「指導要録」は、生徒が学籍を有していたことを証明するための原簿である。進路選択のための調査書、家庭裁判所の調査等への対応等、対外的に証明書を発行する場合の原簿になる。そのため、紛失や火災による焼失を避けるために、通常施錠できる耐火金庫に保管されている。しかしながら、近年、教育の情報化が進み文部科学省も推奨していることから、指導要録も電子化される方向性が確立しつつある。「学習評価に関する情報の適切な管理を図りつつ、情報通信技術の活用により指導要録等に係る事務の改善を検討することも重要であること。なお、法令に基づく文書である指導要録について、書面の作成、保存、送付を情報通信技術を活用して行うことは、現行の制度上も可能であること。」[1]となっていること、また、2019（令和元）年6月に文部科学省が発表した「新時代の学びを支える先端技術活用推進方策（最終まとめ）」[2]には、Society 5.0[3]社会の到来を視野に入れた「教育ビックデータ」活用の方向性が示唆されている。各自治体教育行政も、校務システムの導入が検討されるとか、これまで大学等の研究機関専用だったSINET[4]（学術情報ネットワーク）を義務教育を含む教育分野に開放する計画など、教育の情報化が急速に進展する兆しがうかがえる。
　学校管理職としては、このような国の動向を見据えながら自校の教育の情報化を進めて

いく必要がある。

　加えて、生徒に関する原簿であるという基本的な性質上「指導要録」の質を担保することも学校管理職としては必要な視点である。

（2）指導要録抄本の送付：「指導要録抄本」又は写しを送付する場合に留意すべき事項、及び管理職として配慮すべき点

　学校教育法施行規則第24条第2項・第3項には、「2　校長は、児童等が進学した場合においては、その作成に係る当該児童等の指導要録の抄本又は写しを作成し、これを進学先の校長に送付しなければならない。／3　校長は、児童等が転学した場合においては、その作成に係る当該児童等の指導要録の写しを作成し、その写し（転学してきた児童等については転学により送付を受けた指導要録の写しを含む。）及び前項の抄本又は写しを転学先の校長、保育所の長又は認定こども園の長に送付しなければならない。」とある。当該校に在籍した生徒が転学又は進学して新しい学校に移る場合には、原簿としてこれまでの学習及び生活の記録を送付し移動先の学校での生活が円滑に進行するよう配慮したものと考えられている。

（3）裁判所からの照会

　家庭裁判所の調査官が「学校照会書」という所定の書式を、少年が過去に在籍していた学校、現在在籍している学校に送付することがある。学校照会書で、次のような事項について質問し、その学校の教員や校長等が回答して、調査官に返送することになる。

　①出欠の状況、②科目ごとの取組み状況、③クラブ部活動の状況、④進路、⑤学習態度、⑥行動傾向、⑦交友関係、⑧保護者の状況、⑨学年ごとの総合所見

　これらの事項については、「指導要録」の記載に基づいて記載するとともに、当該生徒の人権にも配慮して対応することが求められる。

（4）指導要録の保存・管理：「指導要録抄本」の保存・管理について管理職として留意すべき事項

①　指導要録の保存

　学校教育法施行規則第28条第2項には「前項の表簿（第24条第2項の抄本又は写しを除く。）は、別に定めるもののほか、5年間保存しなければならない。ただし、指導要録及びその写しのうち入学、卒業等の学籍に関する記録については、その保存期間は、20年間とする。」と規定されている。新学習指導要領になっても変更はない。

②　指導要録の管理

　ア　長期間の保存を要する書類につき、施錠できる耐火金庫に保存することが原則であ

る。近年、教育の情報化が進展しているので、ICTを活用した保存方法についても、各自治体の対応に鑑みて適切に対応することが必要

イ　保存期間を終了した指導要録の扱い

各自治体の公文書取扱い規定に則って適切に廃棄事務を遂行することが必要

不必要に保存期間を過ぎても、廃棄手続きを怠っている場合は学校管理職が管理責任を問われることになる。この点については留意が必要

ウ　教育の情報化への対応

2010（平成22）年に、文部科学省は「指導要録等の電子化に関する参考資料（第1版）」[5]を策定し、指導要録の電子化を進める方向を示唆してきた。

また、「校務におけるICT活用促進事業」[6]として、教員の働き方改革について、ICTの活用による業務改善は効果的という判断で、「手書き」「手作業」が多い教員の業務の効率化を図る方向性が示されている。特に、「統合化校務システム」の導入は、次の課題を解決することに有効的であるとの判断で導入を推進している。

①教職員による学校・学級運営に必要な情報、②児童生徒の状況の一元管理、共有が可能、③教務（成績処理、出欠管理、時数等）、④保健（健康診断票、保健室管理等）、⑤指導要録等の学籍、⑥学校事務等の機能を統合したシステム

（5）指導要録の活用：「指導要録抄本」の活用について管理職として留意すべき事項

文部科学省は、2010（平成22）年5月の「小学校、中学校、高等学校及び特別支援学校等における児童生徒の学習評価及び指導要録の改善等について（通知）」[7]の中で、「指導要録は、児童生徒の学籍並びに指導の過程及び結果の要約を記録し、その後の指導及び外部に対する証明等に役立たせるための原簿となるものであり、各学校で学習評価を計画的に進めていく上で重要な表簿です。」と端的に示している。

活用という視点からは、「指導機能」と「証明機能」について整理することが肝要である。

ア　指導機能

教師の異動や学級替え等で、前担任の作成した「指導要録」の記録を参照することで、当該生徒の学習や生活及び健康などの状況把握ができ指導の継続性を担保できる。

イ　証明機能

自治体の個人情報保護条例によって、本人開示の対象になっている自治体もあるので、将来全面開示を想定した対応が不可欠であり、学校及び教師への不信感を招いたり、開示を想定した形骸的な記載等が存在していると、本来の「指導機能」の記録で

あるという大前提が崩れることになるので留意が必要である。

　指導要録の開示の取扱いについて、中央教育審議会答申では、「これからの評価においては、教員が評価の専門的力量を更に高め、根拠が明確で説明のできる評価をしていくことや、日ごろから、評価の内容について保護者や児童生徒に十分説明し、共通理解を図りながら指導に生かしていくことが一層大切であると考えられる。」[8]と、教育活動そのものの変革を求めている点にも留意しておくことが必要である。

●注

1　文部科学省「小学校、中学校、高等学校及び特別支援学校等における児童生徒の学習評価及び指導要録の改善等について（通知）」平成22年5月11日
　　http://www.mext.go.jp/b_menu/hakusho/nc/1292898.htm（2019/11/08アクセス）
2　文部科学省「新時代の学びを支える先端技術活用推進方策（最終まとめ）」令和元年6月25日
　　http://www.mext.go.jp/a_menu/other/1411332.htm（2019/11/08アクセス）
3　Society 5.0
　　狩猟社会（Society 1.0）、農耕社会（Society 2.0）、工業社会（Society 3.0）、情報社会（Society 4.0）に続く、新たな社会を指すもので、第5期科学技術基本計画において我が国が目指すべき未来社会の姿として初めて提唱された。
　　https://www8.cao.go.jp/cstp/society5_0/index.html（2019/11/08アクセス）
4　SINET（Science Information NETwork）
　　学術情報ネットワークは、日本全国の大学、研究機関等の学術情報基盤として、国立情報学研究所が構築、運用している情報通信ネットワーク
　　https://www.sinet.ad.jp/aboutsinet（2019/11/08アクセス）
5　文部科学省初等中等教育局教育課程課「指導要録等の電子化に関する参考資料（第1版）」平成22年9月
　　http://www.mext.go.jp/component/a_menu/education/micro_detail/__icsFiles/afieldfile/2019/04/15/1414834_6_1.pdf（2019/11/08アクセス）
6　校務におけるICT活用促進事業
　　http://www.mext.go.jp/a_menu/shotou/zyouhou/detail/1408684.htm（2019/11/08アクセス）
7　文部科学省「小学校、中学校、高等学校及び特別支援学校等における児童生徒の学習評価及び指導要録の改善等について（通知）」平成22年5月11日
8　中央教育審議会「児童生徒の学習と教育課程の実施状況の評価の在り方について（答申）」
　　http://www.mext.go.jp/b_menu/hakusho/nc/t20001204001/t20001204001.html（2019/11/08アクセス）

6　家庭と学校をつなぐ「通知表」の記載のポイントと留意点

（1）通知表の重み

　かつて私が担任していた生徒を家庭訪問したときのことである。保護者から「ずっとよくなかった娘の成績が上がって、祖父母も含めて家族全員で喜んでいます。先生からの所見もうれしかったです。その通知表を何度も何度も見ました。今、その通知表は、我が家で一番大切なものを置いている場所に飾っています」と言われたことがある。私はその話

を聞いて、ある意味、衝撃を受けた。それは、通知表というものが、いかに子ども・保護者にとって大きな意味を持つものであるかということを、あらためて思い知らされたからである。しかし、こうした経験は、この本を手に取られている先生方もお持ちではないだろうか。それは、通知表を渡す教師としてかもしれないし、通知表をもらう立場の子ども時代だったかもしれないが。

　また、子どもたちとの信頼関係があればこそ、キラリと輝く言葉、凝縮された期待の言葉が子どもたちの心に強く響くことを痛感されているのではないか。通知表の内容は教師への信頼の高さとセットではじめて重みを増す。

（2）保護者にとって意味のある通知表とは

　保護者が通知表で真っ先に注目するのは、各教科等の評価・評定である。高等学校への進学率が98.8%という現状の中で[1]、入学者選抜などで重視されている評定に関心が集中するのは当然のことである。

　そして、子どもの成績（評価・評定）がよかったとき、又は、よくなってきたときはうれしいものである。反対に、学習上の課題がある場合でも、課題改善の具体的方法や見通しが得られる通知表であれば、子どもと一緒に改善策を考えることができる。また、所見では、子どものよいところ、努力・頑張り・成長したところがほめられ、認められている通知表はうれしい。先生が自分の子どもをしっかり見てくれているというメッセージが伝わる通知表は何ものにも代えがたい。

　なお、「報告」(p.20)[2]には、「評定の趣旨が十分浸透しておらず、児童生徒や保護者の関心が評定や学校における相対的な位置付けに集中し、学習の改善を要する点がどこにあるかをきめ細かに示す観点別学習状況の評価に本来的に期待される役割が十分発揮されていない」との一文がある。しかしながら、観点別評価の"軽視"の原因は、教師側の趣旨浸透への努力不足の問題というよりは、評定によって15歳の進路が左右されるという現実のシステムの問題である。「報告」などで指摘されているとおり、むしろ入学者選抜での観点別評価の活用の徹底・重視が求められる。

（3）子どもたちにとって意味のある通知表とは

　「報告」(p.15)では、「評価については、記録を集めることに終始して、学期末や学年末になるまで必要な指導や支援を行わないまま一方的に評価をするようなことがないようにしなければならない。」と明記され、同時に、ワーキンググループにおけるヒアリングで出された次の声も紹介されている（「報告」pp.4-5）。あらためて、通知表は「誰のため」「何のため」にあるのかを深く心に刻みたい。

「先生方の負担は増えると思うのですが、学校の授業内でも、テストの際だけでもいいので、どういう点がよかった、どういう点をもう少し頑張ってほしい、という一言だけでも毎回頂ければ、自分を向上させるための一つのきっかけになると考えます。」「通知表で数字だけ示されても分からないので、中身をもっと提示してほしいと思います。」「先生によって観点の重みが違うんです。授業態度をとても重視する先生もいるし、テストだけで判断するという先生もいます。そうすると、どう努力していけばよいのか本当に分かりにくいんです。」

（4）教師への信頼が高まる通知表を

① 通知表以前に、日頃からの信頼関係を大切にしたい

ところで、保護者が疑問や不満・不信を感じるのは、どんなときであろうか。それは、子どもの課題の指摘だけで、具体的な改善方法が見えない通知表である。また、「（3）の声」のように、評価・評定の根拠、評価の中身・重み付けなどが見えない、あるいは納得しにくい通知表である。さらに、最終的な通知表以前における評価・評定に関する説明の不十分さや日頃からの教師への信頼の問題が影響していることも少なくない。

その信頼関係であるが、子どもたちや保護者との信頼関係が形成されれば、「子どもたちが教師の指導内容をしっかり受け止めようとするし、保護者は教師や学校の取り組みに協力的になる。そのことが、再び教師の意欲を高め、指導力を向上させる」といった好循環をもたらすことにもつながる。

② 学習評価の方針を保護者と共有する

通知表が本来の学習評価の目的を達成するには、「日常の指導の場面で、評価についてのフィードバックを行う機会を充実させるとともに、通知表や面談などの機会を通して、保護者との間でも評価に関する情報共有を充実させること」が重要である（「報告」p.18）。

具体的には、各校で実施されている学校参観日やPTA総会などの保護者来校時に、教育課程や学習指導要領の意義、学習評価の方針、通知表の見方などの説明の機会を設けたい。また、学校に来ることが難しい保護者も多い現状の中で、学校だよりやホームページなどの活用を含めて、学習評価に関する情報提供や効果的な勉強方法などをタイムリーに紹介することも検討したい。家庭と学校をつなぐ通知表を作成することで、子どもたちの学習意欲を高め、明日への信頼と希望をつなぎたい。

●注
1　文部科学省「平成30年度学校基本調査」平成30年12月
2　中央教育審議会初等中等教育分科会教育課程部会「児童生徒の学習評価の在り方について（報告）」平成31年1月21日

気になる子に関する記載に当たっての ポイントと留意点

（1）気になる子とは？

　あなたは、「気になる子」と聞かれて、どんな生徒を連想するのだろうか。また、逆に「気にならない子」と聞かれたら、どうだろう？　一人一人の家庭環境や学習面・生活面の実態を把握し、生徒への理解と関係性が深まれば深まるほど、気にならなかった子どもが気になってくることも多いのではないだろうか。したがって、本来、「気になる子、また、"気にすべき子" は全員だ」とも言い得る。そうした子どもたちへの思いと姿勢が、心に響く的確な通知表所見の前提となる。

（2）「特別な配慮を必要とする生徒」の指導と評価

　ただし、以下では、学習指導要領の総則で「特別な配慮を必要とする生徒」として新たに例示された「障害のある生徒」「日本語指導を必要とする生徒」「不登校生徒」「学齢を経過した者」について考える。

① アセスメントとしての評価

　「評価」という用語には、Evaluation（値踏み、格付け（分類））とAssessment（学習過程の中で学び手がどのように向上したかを見取り、支援する評価）の二つの意味がある[1]。当然のことながら、「特別な配慮を必要とする生徒」には、Assessmentとしての評価で、指導と評価を一体化させることが重要である。

② 指導をどうするのか

　「特別な配慮を必要とする生徒」の指導における学習評価は、特別な配慮を必要としない生徒と基本的には同様の考え方となるが、特に次の点にも意識して実践したい。

　【障害のある生徒などへの指導】まずは、通常の学級においても、発達障害を含む障害のある生徒が在籍している可能性があることから、「全ての教科等において、一人一人の教育的ニーズに応じたきめ細かな指導や支援ができるよう、障害種別の指導の工夫のみならず、各教科等の学びの過程において考えられる困難さに対する指導の工夫の意図、手立てを明確にすること」が重要である[2]。また、特別支援学級での特別の教育課程では「自立活動を取り入れること」、通級による指導では「自立活動の内容を参考」にするもの等とされる。さらに、特別支援学級と通級による指導を受ける生徒については、個別の教育支援計画や個別の指導計画の作成と効果的な活用に努めることが求められている。

　【海外から帰国した生徒などの学校生活への適応や、日本語の習得に困難のある生徒に

対する日本語指導】個々の生徒の実態に応じた指導内容や指導方法の工夫を組織的かつ計画的に行うこと、通級による日本語指導では、「教師間の連携に努め、指導についての計画を個別に作成することなどにより、効果的な指導に努めるもの」とされる。

　【不登校生徒への配慮】文部科学大臣が認める特別の教育課程を編成する場合には、「生徒の実態に配慮した教育課程を編成するとともに、個別学習やグループ別学習など指導方法や指導体制の工夫改善に努めるもの」とされる。

　【学齢を経過した者への配慮】「学齢を経過した者の年齢、経験又は勤労状況その他の実情を踏まえ、育成を目指す資質・能力を身に付けること」ができるように、また、不登校生徒などへの対応と同様、「個別学習やグループ別学習など指導方法や指導体制の工夫改善に努めるもの」とされている。

③　指導計画作成の配慮

　「中学校学習指導要領　解説」の各教科編には、共通して、「個々の生徒によって、見えにくさ、聞こえにくさ、道具の操作の困難さ、移動上の制約、健康面や安全面での制約、発音のしにくさ、心理的な不安定、人間関係形成の困難さ、読み書きや計算等の困難さ、注意の集中を持続することが苦手であることなど、学習活動を行う場合に生じる困難さが異なることに留意し、個々の生徒の困難さに応じた指導内容や指導方法を工夫すること」が明記され、続けて、各教科で、教科の特性に即した具体的な配慮事項が示されている。

④　指導要録の記載の留意点と簡素化

　総合的な所見の記入では、障害のある生徒や日本語の習得に困難のある生徒のうち、「通級による指導を受けている生徒については、通級による指導を受けた学校名、通級による指導の授業時数、指導期間、指導の内容や結果等を端的に記入する」「通級による指導の対象となっていない生徒で、教育上特別な支援を必要とする場合については、必要に応じ、効果があったと考えられる指導方法や配慮事項を端的に記入する」とされる[3]。

　なお、個別の指導計画を作成している場合において当該指導計画に上記に関わる記載がなされている場合には、「その写しを指導要録の様式に添付することをもって指導要録への記入に替えることも可能」とされた[4]。指導のさらなる充実と同時に、指導要録における事務の簡素化・効率化が期待される。

●注
1　髙木展郎著『評価が変わる、授業を変える』三省堂、2019年
　　また、EvaluationとAssessmentの概念については、田中耕治著『学力評価入門』法政出版、1996年、同著『指導要録の改訂と学力問題』三学出版、2002年、同著『教育評価』岩波書店、2008年、などを参照。
2　文部科学省「中学校学習指導要領　解説」（各教科）、2017年
3　「通知」〔別紙2〕「中学校及び特別支援学校中学部の指導要録に記載する事項等」平成31年3月29日
4　文部科学省「小学校、中学校、高等学校及び特別支援学校等における児童生徒の学習評価及び指導要録の改善等について（通知）」平成31年3月29日

8 担任教師へのアドバイス

（1）子どもたちの心に響くメッセージを

① 所見は、よい点を認め、励まし、意欲を高めるものに

あなたは、「所見の一言が、学校生活の意欲を高め、その後の人生の支えにもなった」、また、卒業生から何年経っても（場合によっては何十年経っても）「通知表を大切に保管している」という話を聞いたことがあるのではないか。先生のあたたかなまなざしと的確な助言、自分のことを理解してくれているという思いが伝わる通知表は、子どもたちの心に強く響く。所見で「いいね！」と承認され、自己肯定感が高まることで、"学びのスイッチ"が入り、次の学期（次の学年）への意欲的な挑戦が始まる。子どもたちの成長を促す通知表を作成したいものである。

② 課題（短所や不十分さ）をわざわざ所見で指摘することは必要か

「課題を指摘する際の文例」などを見かけることがある。しかし、そもそも、所見の中で課題を指摘する必要があるのだろうか。通知表の目的は、子どもたちが、見通しと希望をもって、次の目標に挑む気持ちを高めるためでもある。教師がその生徒の課題を感じたのであれば、通知表を待たず、本人に対してその都度タイムリーに課題を伝え、一緒に改善方策を考えることが大切ではないか。それでも、どうしても通知表の所見で課題を指摘する必要があるのであれば、その生徒との信頼関係があることを前提に、改善方法とセットで伝えたいものである。

③ 成績を"処理"してはいけない

あなたの学校では、通知表作成に至る一連の過程を称して「成績処理」という言葉を使用していないだろうか。できれば、"通知表づくり"を積極的意味合いのある言葉に変更したいものである。使用する言葉は、私たちの意識と行動につながる。使用する言葉を変えると意識と行動も変わる。成績は"処理"ではない。成績を"処理"してはいけない。

（2）「所見を考える時間がない」という現実をどう打開するのか

① 時間をつくる工夫

忙しい日々のなか、多くの先生方にとって、通知表の所見をじっくり考える時間がとれない、という思いになるのは当然のことかもしれない。しかしながら、「6 家庭と学校をつなぐ『通知表』の記載のポイントと留意点」で考えたように、通知表の持つ意味の大きさを実感しているのも事実である。では、どうしたらいいのだろうか。働き方改革の進

行と限られた時間のなかで、時間を生み出すためには、学習評価の重要性を再確認し、仕事の優先順位・時間配分を変えることから始めるしかない。今、時間をつくりだす工夫が問われているのである。

　ちなみに、各学年の1年間の標準総授業時数は1015時間（各教科の授業時数と特別の教科である道徳、総合的な学習の時間及び特別活動を含む）、ただし1単位時間は50分なので845時間である。思っていたよりも1年間の授業時間の少なさに驚かれる先生もおられるのではないか。「学びの専門家としての教師」として、授業・学習評価（通知表作成を含む）にかける時間をあらためて見直したいものである。

② 所見の資料（情報）を事前に入手する工夫

　ところで、通知表を作成し始めると、所見の書きにくい生徒の存在に気がつくことがある。それはとりもなおさず、その生徒に対する理解や関係性の不十分さの反映ともいえる。また、そういうことがないように「日頃から一人一人の情報を収集し、個人別に整理しておくこと」などと助言されるが、口で言うのは簡単であるが、実行するのは難しい。

　そこで、子どもたちに「ふりかえり」（reflection）の機会をつくり、そのアンケート用紙などに記載された子どもたち自身が強く感じている成果と課題を、所見の参考にする方法がある。本来の目的は、「ふりかえり」時点での学習面や生活面の成果と課題を確認し、その原因と対策を考えることであるが、教師にとっては所見の書きにくい生徒の思わぬ一面の発見があり、通知表作成に役立つことも少なくない。

　具体的には、多くの学校で実施されていることかもしれないが、学期に最低2回〈1回目は学期の折り返し地点（中間テスト後など）、2回目は通知表の作成前〉、「ふりかえり」をもとに"二者面談"（学校体制として、部活動と並行させながら）を実施するのである。子どもたちにとって、自分の気持を一対一で聴いてもらえる面談は、「このままの自分でダメだ」「変わらないといけない」という気持ちに火がつく絶好の機会になると同時に、自分の思いを真剣に聴いてくれる教員への信頼感を高めることにつながる。

（3）通知表は、子どもたちの成果と課題であるが、同時に、教師の指導の成果と課題でもある

　今回の学習指導要領、また学習評価の改訂は、子どもたちの考える力を伸ばす授業づくりのチャンスである。授業を変え、子どもたちの意欲と未来につながる学習評価を推進したいものである。通知表に記載された深い生徒理解と信頼関係で紡がれた言葉、先生の思いが凝縮されたあたたかい言葉は、子どもたちに必ず届く。

　学習評価を変えると授業が変わる。授業が変わると子どもたちが変わる。そして、子どもたちが変わると学校が変わる。あらためて、通知表は、子どもたちの成果と課題ではあるが、同時に、教師の指導の成果と課題を意味することも強く心に刻んでおきたい。

第3章

「指導要録」と
「通知表」記入文例

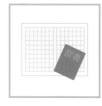

国　語

●評価の観点及びその趣旨（指導要録）

（1）評価の観点及びその趣旨

観点	知識・技能	思考・判断・表現	主体的に学習に取り組む態度
趣旨	社会生活に必要な国語について、その特質を理解し適切に使っている。	「話すこと・聞くこと」、「書くこと」、「読むこと」の各領域において、社会生活における人との関わりの中で伝え合う力を高め、自分の思いや考えを広げたり深めたりしている。	言葉を通じて積極的に人と関わったり、思いや考えを深めたりしながら、言葉がもつ価値を認識しようとしているとともに、言語感覚を豊かにし、言葉を適切に使おうとしている。

（2）学年別の評価の観点の趣旨

観点＼学年	知識・技能	思考・判断・表現	主体的に学習に取り組む態度
第1学年	社会生活に必要な国語の知識や技能を身に付けているとともに、我が国の言語文化に親しんだり理解したりしている。	「話すこと・聞くこと」、「書くこと」、「読むこと」の各領域において、筋道立てて考える力や豊かに感じたり想像したりする力を養い、日常生活における人との関わりの中で伝え合う力を高め、自分の思いや考えを確かなものにしている。	言葉を通じて積極的に人と関わったり、思いや考えを確かなものにしたりしながら、言葉がもつ価値に気付こうとしているとともに、進んで読書をし、言葉を適切に使おうとしている。
第2学年	社会生活に必要な国語の知識や技能を身に付けているとともに、我が国の言語文化に親しんだり理解したりしている。	「話すこと・聞くこと」、「書くこと」、「読むこと」の各領域において、論理的に考える力や共感したり想像したりする力を養い、社会生活における人との関わりの中で伝え合う力を高め、自分の思いや考えを広げたり深めたりしている。	言葉を通じて積極的に人と関わったり、思いや考えを広げたり深めたりしながら、言葉がもつ価値を認識しようとしているとともに、読書を生活に役立て、言葉を適切に使おうとしている。
第3学年	社会生活に必要な国語の知識や技能を身に付けているとともに、我が国の言語文化に親しんだり理解したりしている。	「話すこと・聞くこと」、「書くこと」、「読むこと」の各領域において、論理的に考える力や深く共感したり豊かに想像したりする力を養い、社会生活における人との関わりの中で伝え合う力を高め、自分の思いや考えを広げたり深めたりしている。	言葉を通じて積極的に人と関わったり、思いや考えを広げたり深めたりしながら、言葉がもつ価値を認識しようとしているとともに、読書を通して自己を向上させ、言葉を適切に使おうとしている。

1　知識・技能

〈Ａ評価の例〉

●様々な表現技法を理解して用いることができています。比喩や体言止めを効果的に用いた詩歌を作成することができています。【1】

●音声の働きと文字の働きの違いについて理解を深めることができています。ポスター制作の活動では、書き言葉を理解した言葉遣いでポスターをまとめることができています。【1】

●文語の決まりを理解して古文や漢文を音読することができています。音読を通して古典の世界に親しむことができています。【1】

●言葉を自覚的に用いることができています。グループワークでは活動が円滑に進むように、相手のことを考えた声かけができています。【2】

●文の成分について理解を深めることができています。複文を読む際に、主語と述語を適切に捉えることができています。【2】

●話や文章に含まれている情報を適切に捉えることができています。意見と根拠、具体と抽象など情報と情報の関係が理解できています。【2】

●語彙の豊かな文章を書くことができています。慣用句や四字熟語を適切に用いて表現豊かな作文を書くことができています。【3】

●相手や場に応じた言葉を適切に用いることができています。インタビューの活動では、聞き手として敬語を適切に用いて質問することができています。【3】

●正確な情報を収集する手段を理解することができています。調べ学習では書籍から信頼性の高い情報を集めることができています。【3】

〈Ｂ評価の例〉

●詩歌や物語中の表現技法を捉えることができています。比喩などの表現についてその効果を考えることができています。【1】

●音声の働きと文字の働きの違いについて説明することができています。場面に応じて話し言葉と書き言葉のどちらを用いた方がよいか理解しています。【1】

●古典独特のリズムを通して古典の作品を楽しむことができています。音読の際には、言葉の切れ目を意識して読むことができています。【1】

●情報の伝え方を工夫することができています。聞き手が理解しやすいように言葉を選んだり強調したりすることができています。【2】

●文節の相互関係に注目することができています。文節の係り受けについて説明することができています。【2】

●文章に含まれている情報を整理することができています。文章中の筆者の主張とその理

由を抜き出すことができています。【2】

●教材に載っている語句の意味を理解することができています。慣用句や四字熟語の意味を理解し、文章の読解を深めています。【3】

●敬語の種類を理解することができています。よく用いられる敬語を尊敬語と謙譲語の相互に変換することができています。【3】

●正確な情報を収集する具体的な手段を挙げることができています。書籍とインターネットの違いなどを理解して、調べ学習に臨むことができています。【3】

〈C評価の例〉

●文学的文章を創作する際には、意識的に教科書内の詩歌や物語の表現を真似ることで表現力を身に付けましょう。また、クラスメイトと交流して、表現からどのような印象を受けるか話し合いましょう。【1】

●会話の中で用いる言葉と紙面上で用いる言葉の違いに注目しましょう。実際にポスターなどを作ってみることで、書き言葉のポイントを整理しましょう。【1】

●先生や友達の音読をしっかり聞いて古典特有のリズムに親しみましょう。原文と現代語訳をクラスメイトと交互に音読し合う際、古典の世界をイメージしながら取り組むとよいでしょう。【1】

●「書いた文章を読む」のではなく、「相手の顔を見て伝える」ことに重きを置いて交流しましょう。相手の表情が見えると、自分の言葉に対する反応を伺うことができます。【2】

●一文の中で主語と述語を正確に捉えましょう。「何が（誰が）どうする（なんだ）」を意識しながら読むと主語述語の関係がわかり、長い一文でも理解しやすくなります。【2】

●形式段落に注目し、段落同士の関係性を考えましょう。段落の働きを考える時はクラスメイトに説明ができる根拠をまとめてみましょう。【2】

●教科書を読んでいてわからない語句と出合った時には、辞書を引いてその語句の意味を調べましょう。例文を作ることで作文を書くときに用いることができるようになります。【3】

●場に応じた言葉遣いを学ぶために、身近な人にインタビューの練習相手になってもらいましょう。実際にインタビューの受け手がどう感じたかを練習後に交流するとよいでしょう。【3】

●情報を得るための手段に目を向け、それぞれの長所と短所を理解しましょう。特にインターネットと書籍の違いを理解し、今後の調べ学習に生かしましょう。【3】

❷ 思考・判断・表現

〈A評価の例〉

●自分の考えや根拠が明確に伝わるように発表を構成することができています。話し合いの中では、相手の反応も踏まえながら伝え方を工夫することができています。【1】

●書く内容の中心が明確で自分の考えが伝わる文章を書くことができています。読み手の立場に立って、語句や段落構成を工夫することができています。【1】

●文章を読んで理解したことを踏まえて、自分の考えを述べることができています。文章の中心的な部分と付加的な部分を把握することができています。【1】

●自分の考えだけでなく、異なる考え方も想定しながら論理的に発表を構成することができています。結論を導くために互いの立場を尊重して考えをまとめることができています。【2】

●構成や展開を工夫することで説得力のある文章を書くことができています。具体例を用いることで根拠が適切であることを伝えることができています。【2】

●文章を読んで理解したことと自分が見聞したことを結び付けて感想を書くことができています。登場人物と自分の共通点や相違点を整理することができています。【2】

●多様な考えを想定して内容を検討し、論理的な説明を展開することができています。討論においては周りの意見を生かしてより説得力のある説明を展開することができています。【3】

●多様な読み手を説得できるような根拠を用いて論理的な文章を書くことができています。客観性や信頼性の高い材料を集めて根拠にすることができています。【3】

●文章の主題を捉えて批評文を書くことができています。自他の考え方を整理することで自分のものの見方や考え方を深めたり広げたりすることができています。【3】

〈B評価の例〉

●自分の考えが明確に伝わるように発表を構成することができています。接続詞などを適切に用いることで聞き手の理解を促すことができています。【1】

●主張が最初から最後まで一貫している文章を書くことができています。語句も読み手を想定してわかりやすいものを選択することができています。【1】

●文章を読んで内容を理解することができています。文章の内容と自身の生活体験を関連させた感想を書くことができています。【1】

●予想される反論とそれに対する答えを自ら述べることで、発表を説得力のあるものにすることができています。質問にも丁寧に答えることができています。【2】

●構成や展開を工夫することで説得力のある文章を書くことができています。具体例を用いることで根拠が適切であることを伝えることができています。【2】

●物語の登場人物の言動に対して共感できるところを述べることができています。物語上のできごとと普段の生活で起きたできごととの共通点を見出すことができています。【2】

●討論をする中で、根拠を挙げながら自分の考えを発表することができています。周りの人がどのような考えなのか、集中して聞くことができています。【3】

●読み手を想定した理解しやすい文章を書くことができています。実際に調査されたデータを用いることで、説得力のある文章にすることができています。【3】

●文章を読んで共感できるところとできないところを整理することができています。また、そう感じた理由も述べることできています。【3】

〈C評価の例〉

●接続詞や文末表現を工夫して、自分の考えや根拠が明確に伝わるようにしましょう。また、発表で聞き手が理解できていなさそうであれば説明を加えるなどの工夫をしましょう。【1】

●筋の通ったわかりやすい文章を書くために段落構成を工夫しましょう。説明的文章であれば、三段構成（序論・本論・結論）に自分の考えを当てはめて文章を書く練習をしましょう。【1】

●文章中の構成に注目して書き手の主張を抜き出してみましょう。書き手が意見を述べた文を中心に抜き出していくと、どの意見が一番伝えたいことかが見えてきます。【1】

●自分の考えを述べる中で説得力を高めるために、予想される反論を発表内容に含みましょう。事前に様々な立場のクラスメイトと交流して、別の視点に触れておきましょう。【2】

●登場人物の心情を理解するために言動に注目しましょう。実生活の中でどのような場面で同じような言動をするか、自分や周りの人を例に考えてみましょう。【2】

●討論会では自分の考えを伝えるだけでなく、周りの人がどのような考えなのかを捉える必要があります。メモを取りながらしっかり話を聞く習慣を身に付けましょう。【3】

●読み手によって同じ文章でも理解度は異なるため、誰が読むかを意識して文章を書きましょう。自分が思ったことだけでなく、誰が見ても納得する情報を示せるとさらによいでしょう。【3】

●文章を読んで感じたことに対して理由を添えましょう。自分の意見を述べるときに「なぜ」や「どうして」といった問いを投げかける習慣を身に付けましょう。【3】

③ 主体的に学習に取り組む態度

〈A評価の例〉

●授業中に感じたことなどをノートにメモをする工夫ができています。またその工夫を継続的に取り組むことで、授業の振り返りがしやすいノートが作成できています。【1】

●クラスメイトとの交流に際して、自分の考えやその根拠をまとめて臨むことができています。また、相手の発言をメモし、活動のまとめに生かすことができています。【1】

●進んで本を読むことができています。読書の面白さの説明や好きな本の紹介をクラスメイトにすることができています。【1】

●授業中の教師の発言やクラスメイトの発言をノートにメモし、考えを深めることができています。他者の発言に対して気になることがあれば、自ら質問することができています。【2】

●課題解決に向けてクラスメイトとの対話を積極的に行うことができています。相手のことを考えた言葉を適切に用いながら協力することができています。【2】

●進んで本を読み、様々な語句や表現を得ることができています。読書する中でわからない言葉があれば自ら辞書を引いて意味を確認することができています。【2】

●自分の考えを伝えるために、テーマに関わる事柄を自ら調べて客観性や信頼性の高い情報を集めることができています。また、調べて分かったことをクラスメイトと共有することができています。【3】

●文章中の表現や構成を推敲してよりよい作文を書くことができています。作文を批判的な視点で読み、修正したりクラスメイトへアドバイスを送ったりすることができています。【3】

●進んで様々な種類の本を読むことができています。文章の形式を問わず、読書を通して自分の考えを深めたり広げたりすることができています。【3】

〈B評価の例〉

●板書を丁寧にノートにまとめることができています。復習しやすいノート作りからその日の授業内容の理解や学力の定着を図ることができています。【1】

●クラスメイトとの交流に際して、自分の考えを積極的に伝えることができています。自分の番でないときは、話し手の顔を見てしっかりと話が聞けています。【1】

●読書の時間に集中して本を読むことができています。自ら図書館などに足を運んで読書のための本を進んで探すことができています。【1】

●授業中の教師の発言やクラスメイトの発言をノートにメモをすることができています。わからないことがあればノートに記し、後に教師に質問して解決しようとしています。【2】

●課題解決に向けて、疑問点があればクラスメイトに質問することができています。お互いにわからないときなどは、一緒に考えて答えを導こうとしています。【2】

●進んで本を読むことができています。意味がわからない言葉などと出合った時には、教師やクラスメイトに質問し、語彙を増やすことを心がけることができています。【2】

●テーマに関わる事柄を書籍やインターネットを用いて調べることができています。発表する際には調べた内容をデータとして示すことができています。【3】

●書いた作文を何度も見直し、より良い文章になるように書き直すことができています。教科書に載っている文章の良い部分を意識して取り入れることができています。【3】

●本を読む習慣を身に付けることができています。好きな著者やジャンルがあり、その魅力を他者に語ることができています。【3】

〈C評価の例〉

●板書を丁寧に写して復習に役立てましょう。一日10分でもよいのでノートを見てその日の授業を振り返ると、やったことだけでなく次回の授業も理解しやすくなります。【1】

●一回の交流の中で一度は発言をするということを決めて話し合いの場に臨みましょう。テーマに対して「どう思うのか」「それはなぜか」をまとめておくと発言しやすくなります。【1】

●どの本を読んだらよいのかわからないときは、クラスメイトにお勧めの本を聞いてみましょう。実際に本を手に取ることで様々な種類の本があることを知りましょう。【1】

●板書を写すだけなく、書かれていない発言にも耳を傾ける姿勢を身に付けましょう。教師やクラスメイトが発言をしたときには、ノートにメモをしておくとよいでしょう。【2】

●活動の中で一人では解決できないことがあれば、新たな視点を得るために周りのクラスメイトに相談してみましょう。共に考える関係を築いていきましょう。【2】

●読書をする中でわからない言葉が出てきたら、そのままにせずに意味を確認しましょう。調べた言葉をまとめるノートを作ると、語彙の定着に役に立つでしょう。【2】

●自分の考えを発表する際には、事前にテーマに関わる内容を調べて信頼性の高い情報を提示できるようにしましょう。具体的な数値などを示すと、説得力のある論になるでしょう。【3】

●作文を書き終わったら、読み手の立場に立って客観的に読み直してみましょう。改善の仕方が分からなければ、教科書やクラスメイトの書いた文章を真似てみましょう。【3】

●好きな著者やジャンルに捉われず、様々な本に手を伸ばしてみましょう。新書などを読んでみると、小説とは異なった面白さがあり、ものの見方や考え方も変わるでしょう。【3】

4　"学びを変える" ためのアセスメント

　学習評価の在り方については「児童生徒の学習評価の在り方について（報告）」にあるように、①児童生徒の学習改善につながるものにしていくこと、②教師の指導改善につながるものにしていくこと、③これまで慣行として行われてきたことでも、必要性・妥当性が認められないものは見直していくこと、を基本として考えていく必要がある。

　１「知識及び技能」の３学年を通しての目標は「社会生活に必要な 国語の知識や技能を身に付けるとともに、我が国の言語文化に親しんだり理解したりすることができるようにする」、評価の観点は「社会生活に必要な国語について、その特質を理解し適切に使っている」である。従来の「知識・理解」の評価は教科書に出てきた知識をペーパーテストで確認するという方法を取りがちであったが、それだけでは生徒側からすると語句を覚えたかどうかにしか関心がいかない。新たに習得した知識及び技能をそれまでに持っている知識・技能と関連付けたり、異なる学習場面や生活場面で使えるかどうかを評価したりすることが大切である。「覚える」ではなく「知識を身に付けそれを使う」という活動につながっていくようなコメントが示せると、生徒は自ら学習改善に臨むと考えられる。

　２「思考・判断・表現」の３学年を通しての目標は「社会生活における人との関わりの中で伝え合う力を高め、思考力や想像力を養う」、評価の観点は「「話すこと・聞くこと」、「書くこと」、「読むこと」の各領域において、社会生活における人との関わりの中で伝え合う力を高め、自分の思いや考えを広げたり深めたりしている」である。これは現行学習指導要領からは変更されていないため、先生方においてもすでに様々な授業展開をお持ちであると思われる。そのため、従来の評価方法に変更を加える必要が感じられないかもしれないが、その評価の中に「知識及び技能を活用して課題解決する」という視点が含まれているか確認をしてもらいたい。例えば、単元の終末に意見文を書かせる際に、ただテーマを示すだけではなく、評価基準を明確に示すことで、筆者の意見をどのように根拠として取り入れるとよいのかを考えさせたい。「どのように活用すべきか」「何が活用に当たるのか」を示せると、課題が明確になり、国語に苦手意識がある生徒も工夫して学習に臨めるだろう。

　３「主体的に学習に取り組む態度」の評価が最も難しく感じるのではないだろうか。ここでは、上記の１・２の目標を達成しましょうという粘り強い取組を行おうとする側面と、自らの学習を調整しましょうとする側面のどちらにも目を向ける必要がある。単なるノートやプリントの提出状況で評価するのではなく、国語科の目標に沿った評価を心がける必要がある。

●参考文献
文部科学省『中学校学習指導要領（平成29年告示）解説　国語編』東洋館出版社、2017年
中央教育審議会初等中等教育分科会教育課程部会「児童生徒の学習評価の在り方について（報告）」平成31年１月21日

社　会

●評価の観点及びその趣旨 （指導要録）

（1）評価の観点及びその趣旨

観点	知識・技能	思考・判断・表現	主体的に学習に取り組む態度
趣旨	我が国の国土と歴史、現代の政治、経済、国際関係等に関して理解しているとともに、調査や諸資料から様々な情報を効果的に調べまとめている。	社会的事象の意味や意義、特色や相互の関連を多面的・多角的に考察したり、社会に見られる課題の解決に向けて選択・判断したり、思考・判断したことを説明したり、それらを基に議論したりしている。	社会的事象について、国家及び社会の担い手として、よりよい社会の実現を視野に課題を主体的に解決しようとしている。

（2）分野別の評価の観点の趣旨

観点\分野	知識・技能	思考・判断・表現	主体的に学習に取り組む態度
地理的分野	我が国の国土及び世界の諸地域に関して、地域の諸事象や地域的特色を理解しているとともに、調査や諸資料から地理に関する様々な情報を効果的に調べまとめている。	地理に関わる事象の意味や意義、特色や相互の関連を、位置や分布、場所、人間と自然環境との相互依存関係、空間的相互依存作用、地域などに着目して、多面的・多角的に考察したり、地理的な課題の解決に向けて公正に選択・判断したり、思考・判断したことを説明したり、それらを基に議論したりしている。	日本や世界の地域に関わる諸事象について、国家及び社会の担い手として、よりよい社会の実現を視野にそこで見られる課題を主体的に追究、解決しようとしている。
歴史的分野	我が国の歴史の大きな流れを、世界の歴史を背景に、各時代の特色を踏まえて理解しているとともに、諸資料から歴史に関する様々な情報を効果的に調べまとめている。	歴史に関わる事象の意味や意義、伝統と文化の特色などを、時期や年代、推移、比較、相互の関連や現在とのつながりなどに着目して多面的・多角的に考察したり、歴史に見られる課題を把握し複数の立場や意見を踏まえて公正に選択・判断したり、思考・判断したことを説明したり、それらを基に議論したりしている。	歴史に関わる諸事象について、国家及び社会の担い手として、よりよい社会の実現を視野にそこで見られる課題を主体的に追究、解決しようとしている。

公民的分野	個人の尊厳と人権の尊重の意義、特に自由・権利と責任・義務との関係を広い視野から正しく認識し、民主主義、民主政治の意義、国民の生活の向上と経済活動との関わり、現代の社会生活及び国際関係などについて、個人と社会との関わりを中心に理解を深めているとともに、諸資料から現代の社会的事象に関する情報を効果的に調べまとめている。	社会的事象の意味や意義、特色や相互の関連を現代の社会生活と関連付けて多面的・多角的に考察したり、現代社会に見られる課題について公正に判断したり、思考・判断したことを説明したり、それらを基に議論したりしている。	現代の社会的事象について、国家及び社会の担い手として、現代社会に見られる課題の解決を視野に主体的に社会に関わろうとしている。

1 知識・技能

〈A評価の例〉

●地理の学習では、特色ある自然環境と人々の衣食住を取り上げ、写真や分布図などを読み取って、人々の生活がどのように変化したかを理解することができました。【地理】

●地理の学習では、オーストラリアの多文化社会の課題学習において、さまざまな視点から答えを導き出すために多くの資料を収集して読み取ることができました。【地理】

●近畿地方の学習では、環境をテーマに学習に取り組み、人口や産業など複数の視点から出た意見を参考にして理解を深めることができました。【地理】

●東北地方の学習では、「防災はどうあるべきか」をテーマに学習に取り組み、震災や震災からの復興について詳しく調べて理解を深めることができました。【地理】

●歴史の学習では、古代の日本の国づくりについて、中国や朝鮮半島との関連をよく把握しながら理解を深めることができました。【歴史】

●歴史の学習では、鎖国についてのディベート学習に取り組み、肯定側の立論を行いました。否定側の主張も取り入れ、さらに自分の理解を深めることができました。【歴史】

●歴史の学習では、明治維新の三代改革について江戸時代と比較してノートにまとめることができました。そしてこの改革の意義について考えることに役立てました。【歴史】

●歴史の学習では、日本の近代化は成功したのかという問いに対して、学習した内容を振り返り、明治維新の政策に対する評価をすることに生かすことができました。【歴史】

●公民的分野の基本的人権の学習では、新聞記事、読み物資料を通して基本的人権の考え方や意義について自分の生活と関連付けて理解を深めることができました。【公民】

●公民的分野の裁判所の学習では、裁判員制度の仕組みを理解するとともに、実施後の裁判について調べ、その有効性について自分の考えをまとめることができました。【公民】

〈B評価の例〉

●アフリカ州の学習では、モノカルチャー経済の仕組みについて、統計グラフを読み取っ

て理解することができました。【地理】

●アメリカ合衆国の学習では、身近にあるアメリカ企業に関心をよせて多国籍企業への理
　解を深めることができました。【地理】

●地理の学習では、日本の諸地域の特色を大まかにつかむことが課題です。ウェビング
　マップを用いた振り返りの学習に力を入れてください。【地理】

●歴史の学習では、奈良時代の文化について、仏教がどのように影響を及ぼしたか、新聞
　形式でまとめて明らかにすることができました。【歴史】

●室町時代の学習では、産業の発達の様子について理解をすることができました。その原
　因まで明らかにすることができれば、時代の特色にせまることができます。【歴史】

●歴史の学習では連続するできごとを結び付けて歴史の流れを把握しようと努力すること
　ができました。少しずつ学び方が上達しています。【歴史】

●歴史的分野の戦後の日本の学習では、戦後の民主化について、戦前との比較をしながら
　理解を深めることができました。【歴史】

●公民的分野の学習では、公民的な分野の用語について、わかりやすい言葉に置き換えて
　表現するなど、理解のために工夫をすることができました。【公民】

〈C評価の例〉

●地理の学習ではおもな国の特色を大まかにつかむことが苦手なようです。写真などその
　国をイメージしやすい資料を使って、おもな国への知識を増やしましょう。【地理】

●地理の学習では地域や国の位置関係をつかむことを苦手にしているようです。世界や各
　州の略地図を描く練習を何度も繰り返すことから取り組みましょう。【地理】

●地理の学習では、その地域の特色がどこに見られるかが重要なので、地図に学習したこ
　とを書き込んで、その地域の特色をつかむようにしましょう。【地理】

●歴史の学習では、時代区分や時代の流れをつかむことが苦手なので、年表を常に活用す
　る習慣をつけてください。歴史上の人物と関連させる学習にも取り組みましょう。【歴史】

●歴史の学習では、教科書で内容をつかんだ後に、できごとについて、どんなできごとな
　のかを、自分の言葉に置き換えてノートにまとめる習慣をつけましょう。【歴史】

●公民では法律や制度など難しい用語が多く出てきます。学習する際に、わかりやすい言
　葉を書き足すなど、ノートを工夫して理解しやすくしましょう。【公民】

②　思考・判断・表現

〈A評価の例〉

●ヨーロッパ州の学習では、イギリスのＥＵからの離脱問題を取り上げて学習を進め、Ｅ
　Ｕ統合がもたらす成果と課題について自分の考えを深めることができました。【地理】

● 「アマゾンの環境保護」をテーマに学習を進め、途上国や国際連合などさまざまな立場から解決策を考えて根拠のしっかりした意見にすることができました。【地理】

● 九州地方の学習では、九州の豊かな自然環境を生かした経済発展政策について討論会で積極的に意見を述べて産業の発展を図る施策を提案することができました。【地理】

● 日本のエネルギーについての学習では、エネルギー利用の状況や原発の問題からエネルギー利用の課題を明らかにし、改善に向けた提案を行うことができました。【地理】

● 日本の古代の学習では、歴史を大まかにつかむ学習に取り組み、それまで学習したことを生かして、日本の国づくりの特色について意見発表をすることができました。【歴史】

● 歴史の学習では、武士の政治と貴族の政治の違いについて追究し、土地をキーワードにしてわかりやすく説明することができました。【歴史】

● 大正時代の学習では、大正デモクラシーに関わる運動の意義について、明治や現代の社会と比較するなど、さまざまな視点から考えてまとめることができました。【歴史】

● 太平洋戦争の課題学習では、国内の政治や国民生活、外国との関係などさまざまな視点からその理由を考えることができました。【歴史】

● 公民の学習では、社会集団内の対立の事例学習に取り組みました。その際に現代社会の見方や考え方の基礎を理解して合意に至る方法を説明することができました。【公民】

● 公民の学習では、現代の日本の雇用の特色と課題について意欲的に追究し、個人の尊厳や両性の本質的平等の視点に立ってその課題を明らかにすることができました。【公民】

〈B評価の例〉

● アジア州の学習では、経済成長の要因についてアジア各地域の成長の理由を表に整理することができました。そこから共通点を見つける方法を今後身に付けましょう。【地理】

● 北アメリカの学習では、合衆国の多民族社会について学びました。人種の違いをどう克服したのか、アジアやヨーロッパなど他の地域と比較して、考えを深めましょう。【地理】

● 日本の四つの地域的特色について地図、統計資料、分布図等の資料を読み取って大まかにつかむことができました。日本の諸地域の学習でさらに深めていきましょう。【地理】

● 地理の学習では資料からの読み取った情報を課題解決に向けてまとめることがまだできていません。今後もあきらめずに挑戦しましょう。【地理】

● 歴史の学習で歴史的なできごとを見るときに、「なぜそうなったか?」（原因→結果）という考え方は身に付いています。【歴史】

● 日本の文化の学習では、どの時代の文化のものか写真や資料から判断することができます。なぜそう判断したのか、時代の特色と結びつけて説明する力をつけてください。【歴史】

● 近世の歴史の学習では、外国のできごとと日本のできごとを結びつけて説明することが

まだ不十分です。年表を活用して関連を説明する練習をしましょう。【歴史】

●歴史の学習では、人物の行った政策や歴史上のできごとについて理解しています。今後は政策やできごとを評価する練習を積み重ねて、歴史に対する考えを深めましょう。【歴史】

●公民の学習では、少子高齢時代の社会保障の課題について理解することができました。今後は学習したことを生かしてその解決策を導き出す練習をしましょう。【公民】

〈C評価の例〉

●地理の学習では、雨温図や分布図などの資料の読み取りを苦手にしているので、自分が読み取ったことを資料に書き込む習慣をつけましょう。【地理】

●地理の学習では、地域の特色をつかむためには、自然環境や人口、産業、交通など基本となる視点から特色を確認する習慣をつけましょう。【地理】

●歴史の学習では、そのできごとは、どんなことなのか、それはなぜ起きたのか、その後の社会にどんな影響を与えたのかを常に問いかけて考える習慣をつけましょう。【歴史】

●歴史の学習では、その時代の歴史的な複数のできごとについて、それぞれがどんな関係があるかを説明する練習をすることで時代の特色がつかみやすくなります。【歴史】

●歴史の学習では、数多くの世界のできごとが出てきます。日本とのつながりについてノートで図示したり、略地図を描くなど、つながりをつかむ工夫をしましょう。【歴史】

●公民の学習では、政治や経済などの仕組みや手続きについて学ぶことが苦手なようです。「何のためにその仕組みがあるのか」と目的や意味を考えて学習を進めましょう。【公民】

③ 主体的に学習に取り組む態度

〈A評価の例〉

●アジア州の学習では、日本がアジアの国々と共に経済成長ができるかという問いに対して、他国との協力のあり方を意欲的に考えて発表することができました。【地理】

●アフリカの学習では、アフリカの発展のための政策について追究し、日本の果たす役割について発表することができました。【地理】

●地理の学習では、学んだことを知識に留めず、地域や日本の課題を解決するための見方や考え方として生かしながら学習に取り組むことができます。【地理】

●地理の学習では、日本のエネルギー利用状況や原発の問題からエネルギー利用の課題を理解し、持続可能な社会にするための提案を行うことができました。【地理】

●歴史の学習では、自分がもし当時の人々であったらと置き換えて考えるなど、自分のこととして考える習慣を身に付けることができました。【歴史】

●歴史の学習では、室町文化と現在の生活の結びつきを明らかにし、これを守り続けていくことの大切さを実感することができました。【歴史】

●歴史の学習では、できごとを現在の社会の仕組みと比較して考えるので、当時の社会の課題を見つけることを得意としているようです。【歴史】

●歴史の学習では、民主主義や人権を守ることに努力した人物への関心が高く、学んだことを歴史を学ぶ時の見方や考え方に生かそうとする姿勢は高く評価できます。【歴史】

●公民の学習では、現存する差別の問題に関心を高め、差別のない社会を目指すことの大切さについて堂々と自分の考えを述べることができました。【公民】

●南北問題の学習では、地理や歴史で学んだ知識を使って、日本や国連が果たす役割について提案し、国際協調の大切さについて考えを述べることができました。【公民】

〈B評価の例〉

●地理の学習では、積極的に友達との意見交換をするなど、知識を活用して課題を解決する姿勢を身に付けてくれることを期待します。【地理】

●地理の学習でさらに関心を高めるためには、人々がどのように自然や産業、社会に働きかけているのかを考えて学習を進めることが必要です。【地理】

●歴史の学習では考える力を伸ばしてください。できごとを記憶するのではなく、できごとの意味を考えたり、今とどうつながっているかを考える習慣をつけましょう。【歴史】

●知識は定着しているので、見方や考え方を身に付けることに力を入れましょう。できごとや人物の評価をすることを繰り返すことで見方を確かにすることができます。【歴史】

●政治分野の学習では「人権尊重や国民主権の考え方に照らしてどうなのか」と問いかけながら学習を進めることができ、課題をきちんと把握することができました。【公民】

●公民の学習でさらに力をつけるためには、「自分と社会がどうつながっているのか」という視点で、さまざまなニュースに関心を寄せることが大切です。【公民】

●公民の学習では、自分が主権者となって政治参加や経済活動を行うことを想定して、「自分だったら」という考えを持って学習に取り組みましょう。【公民】

●授業への積極性を期待します。社会科は学び合う教科です。知らないことは尋ね、考えたことを伝え合う。それを積み重ねて力がつくので、学級で学び合いましょう。【全般】

●社会科の学習では、さまざまな表現方法を身に付けるのが今後の課題です。文章だけでなく、図表やイラスト、意見発表などさまざまな表現の方法に挑戦しましょう。【全般】

●社会科の学習で、考え方が一方的なことがあるのが残念です。さまざまな立場に立って考える習慣をつけて自分の考えを広げましょう。【全般】

〈C評価の例〉

●地理への苦手意識を克服するため、世界の国々の衣食住など自分の関心があることから調べ始めることで地理への興味を高めましょう。【地理】

●歴史の学習への興味を高めてほしいです。現在の社会の問題を解決するために過去のできごとから解決の方法を見つけようと考えれば楽しみがわいてきます。【歴史】

●社会科の話し合う学習で十分に力を発揮できていません。異なる意見を聞くことで自分の考えが深まると信じて取り組みましょう。【全般】

●社会科に対する興味関心が高まらないようです。自分がこれから生きていく社会が将来どうあってほしいかを考えながら学習を進めてください。【全般】

●毎日のニュースに対して、「なぜ起きたのだろうか」「どこで起きたのだろうか」という見方をすることで社会科の学習につながるきっかけができ、楽しみが持てます。【全般】

●意見を発表する学習では、自分の考えに自信がないので消極的になることがありました。考えは伝え合うことで良くなっていくので、一歩踏み出しましょう。【全般】

4 "学びを変える" ためのアセスメント

新学習指導要領では、育成すべき資質・能力は三つの柱（①知識・技能の習得、②思考力・判断力・表現力の育成、③学びに向かう力、人間性の涵養）として表現されている。

知識・技能は教師の指導によって教えられて習得されるものもあるが、多くは課題解決的な学習の中で生徒が自ら習得していくものと考える。このため、コメントの記入例では、学び方について多くふれている。どの学習のどの段階で、どのような学び方をして知識や技能を習得したのか、知識や技能を学習のどんな場面で発揮したのかということを記入している。また、習得した知識や技能を今後どんな場面で生かしてほしいかという期待を明記した。C評価の生徒は自分なりの学び方が定着していない生徒なので、家庭学習につながるように学び方についてより具体的に表記したほうがよいのではないかと考える。

思考力・判断力・表現力は思考、判断、表現する場が設定された授業の中でしか育たない。それは教師の説明が一方的に注入される授業ではなく、課題解決的な学習であり、課題を解決していく過程（問題把握→問題追究→結果の整理・考察→学習成果の活用）で思考力・判断力・表現力が発揮されるものと考える。評価をする際には問題解決の過程での教師の観察やノートなどの記録、レポートなどさまざまな評価の材料がある。このため、コメントの記入例では、どのようなテーマの学習でどのような活動を行ったか、また、どのような見方や考え方に基づいて考えたり、追究したりしたか、また、どのように表現活動をしたのかを明示した。評価のBやCの生徒には、思考の方法（比較、関連、帰納、演繹、意味、多面など）のについてもコメントし、今後の学習のヒントになるようにした。

主体的に取り組む態度については、今回の学習指導要領の改定では、主権者として持続可能な社会づくりに向かう社会参画意識の涵養やよりよい社会の形成を視野に課題の追究に主体的に取り組む態度の育成がこれまで以上に求められている。これまで教師は生徒の

学習への興味・関心を評価対象としてきたが、新学習指導要領では評価の対象としていない。課題解決的な学習においては、各分野における社会的な課題を解決する課題が設定される必要があると考える。主体的な態度を生徒に明示するために、コメントの記入例としては、「社会の問題を自分のこととして捉える考え方」「自分の考えを持つまで諦めずに資料や級友と対話する態度」「未来の社会への期待や提案」「先人が創り出した文化を尊重して守っていこうとする姿勢」「人権尊重や国際協調を大切にする姿勢」などをあげている。こういう考え方や意欲、態度を認めていくことで、主体的に取り組む態度が向上していくことを期待している。反対に、そういう態度がとれない消極的な生徒は社会へのつながりを感じとれないことが多いので、少しでも社会とのつながりが持てるよう、人とのつながりを持てるようにという気持ちでコメントを書いた。

　社会科の教師としては、一人一人が社会の形成者となることを目指すような社会科の授業を実践することが今後も大切だと考えている。

数　学

●評価の観点及びその趣旨（指導要録）

（1）評価の観点及びその趣旨

観点	知識・技能	思考・判断・表現	主体的に学習に取り組む態度
趣旨	・数量や図形などについての基礎的な概念や原理・法則などを理解している。 ・事象を数学化したり、数学的に解釈したり、数学的に表現・処理したりする技能を身に付けている。	数学を活用して事象を論理的に考察する力、数量や図形などの性質を見いだし統合的・発展的に考察する力、数学的な表現を用いて事象を簡潔・明瞭・的確に表現する力を身に付けている。	数学的活動の楽しさや数学のよさを実感して粘り強く考え、数学を生活や学習に生かそうとしたり、問題解決の過程を振り返って評価・改善しようとしたりしている。

（2）学年別の評価の観点の趣旨

観点＼学年	知識・技能	思考・判断・表現	主体的に学習に取り組む態度
第1学年	・正の数と負の数、文字を用いた式と一元一次方程式、平面図形と空間図形、比例と反比例、データの分布と確率などについての基礎的な概念や原理・法則などを理解している。 ・事象を数理的に捉えたり、数学的に解釈したり、数学的に表現・処理したりする技能を身に付けている。	数の範囲を拡張し、数の性質や計算について考察したり、文字を用いて数量の関係や法則などを考察したりする力、図形の構成要素や構成の仕方に着目し、図形の性質や関係を直観的に捉え論理的に考察する力、数量の変化や対応に着目して関数関係を見いだし、その特徴を表、式、グラフなどで考察する力、データの分布に着目し、その傾向を読み取り批判的に考察して判断したり、不確定な事象の起こりやすさについて考察したりする力を身に付けている。	数学的活動の楽しさや数学のよさに気付いて粘り強く考え、数学を生活や学習に生かそうとしたり、問題解決の過程を振り返って検討しようとしたり、多面的に捉え考えようとしたりしている。
第2学年	・文字を用いた式と連立二元一次方程式、平面図形と数学的な推論、一次関数、データの分布と確率などについての基礎的な概念や原理・法則などを理解している。 ・事象を数学化したり、数学的に解釈したり、数学的に表現・処理したりする技能を身に付けている。	文字を用いて数量の関係や法則などを考察する力、数学的な推論の過程に着目し、図形の性質や関係を論理的に考察し表現する力、関数関係に着目し、その特徴を表、式、グラフを相互に関連付けて考察する力、複数の集団のデータの分布に着目し、その傾向を比較して読み取り批判的に考察して判断したり、不確定な事象の起こりやすさについて考察したりする力を身に付けている。	数学的活動の楽しさや数学のよさを実感して粘り強く考え、数学を生活や学習に生かそうとしたり、問題解決の過程を振り返って評価・改善しようとしたり、多様な考えを認め、よりよく問題解決しようとしたりしている。

| 第3学年 | ・数の平方根、多項式と二次方程式、図形の相似、円周角と中心角の関係、三平方の定理、関数 $y=ax^2$、標本調査などについての基礎的な概念や原理・法則などを理解している。
・事象を数学化したり、数学的に解釈したり、数学的に表現・処理したりする技能を身に付けている。 | 数の範囲に着目し、数の性質や計算について考察したり、文字を用いて数量の関係や法則などを考察したりする力、図形の構成要素の関係に着目し、図形の性質や計量について論理的に考察し表現する力、関数関係に着目し、その特徴を表、式、グラフを相互に関連付けて考察する力、標本と母集団の関係に着目し、母集団の傾向を推定し判断したり、調査の方法や結果を批判的に考察したりする力を身に付けている。 | 数学的活動の楽しさや数学のよさを実感して粘り強く考え、数学を生活や学習に生かそうとしたり、問題解決の過程を振り返って評価・改善しようとしたり、多様な考えを認め、よりよく問題解決しようとしたりしている。 |

1　知識・技能

〈A評価の例〉

●算数で学んだ比例を基にして、具体的な事象の中にある二つの数量に関数関係を見つける活動に意欲的に取り組み、比例と反比例についての理解を深めました。それらの関係を表、式、グラフを使って表すことができます。【1】

●ヒストグラムや相対度数などの必要性と意味を確実に理解しています。図書室の貸し出し冊数などの身の回りにあるデータをヒストグラムや相対度数を使って整理することができます。【1】

●三角形の面積を求める公式から、底辺の長さを求める式を得るなど、目的に応じて等式を変形することができます。目的に応じて式を変形することのよさを理解しています。【2】

●運動場に陸上競技用のトラックを作る場合にスタート位置をどれだけ調整するかといった日常生活における課題に対して、文字を用いた式を活用して課題解決することができます。文字式の必要性や意味を理解しているからでしょう。【2】

●平方根を用いることによって数の範囲が広がることを理解しているので、具体的な問題解決な場面において数の平方根を用いて表したり処理することができます。【3】

●二次方程式の必要性や解の意味を理解し、因数分解したり平方の形に変形したりして二次方程式を解くことができます。また、解の公式を導き出す活動を通して解の公式について理解しています。【3】

〈B評価の例〉

●正の数と負の数の必要性と意味を理解し、正の数と負の数の簡単な四則計算をすることができます。【1】

●文字を用いた式の表し方の規則を理解し、簡単な一次式の加法と減法の計算をすること

ができます。【1】

● 空間における直線や平面の位置関係を理解し、基本的な柱体や錐体、球の表面積や体積を求めることができます。【1】

● 二元一次連立方程式の必要性とその解の意味を理解し、簡単な連立方程式を解くことができます。【2】

● 平行線や角の性質などの図形の基本的な性質を理解し、それらを使って多角形の角の性質を見いだすことができます。【2】

● 一次関数について理解しており、二元一次方程式を関数を表す式としてみることができます。【2】

● 相似の意味や三角形の相似条件、相似な図形の相似比と面積比や体積比との関係について理解しています。【3】

● 円周角と中心角の関係の意味を理解し、それらを使って円周角や中心角を求めることができます。【3】

● 三平方の定理の意味を理解し、それを使って直角三角形の辺の長さを求めることができます。【3】

〈C評価の例〉

● 方程式の必要性や意味は理解しているのですが、簡単な一元一次方程式を解くことに難しさを感じているようです。くり返し練習などの努力に期待します。【1】

● 角の二等分線や線分の垂直二等分線、垂線などの基本的な作図の方法に苦手意識があるようです。分からない所は質問するなど粘り強く取り組むことを期待します。【1】

● 平面図形の合同や三角形の合同条件について理解していますが、それを使って論理的に考えることに課題があります。【2】

● 確率の必要性と意味を理解していますが、簡単な場合について確率を求める方法についての理解が十分ではありません。表や樹形図を使って求める方法についてもう一度復習しましょう。【2】

● 数量の基礎的な知識が不足しています。学習態度も乱れてきました。練習問題をとおして、個別に指導を行っています。【3】

● 簡単な計算で誤ることがよくあります。集中して取り組み、ドリル等を活用して正確な計算力を身に付けるよう努力しましょう。【3】

2　思考・判断・表現

〈A評価の例〉

● 算数で学んだ逆数を用いて除法を乗法にする計算の視点から、負の数を用いることで加

法と減法を統一的にみる考え方を導き出すことができました。直感的に見通す力を有し、考察力に優れています。【1】

●目的に応じてデータを収集して分析し、そのデータの分布の傾向を読み取り、批判的に考察し判断することができます。また、その内容をだれにもわかるように自分の言葉でわかりやすく表現することができます。【1】

●平行線の性質などのこれまで見いだした性質を使って、「三角形の内角の和は180°である」が常に成り立つことを確かめ、その理由を説明することができます。論理的に説明する力がついてきました。【2】

●個数の関係や時間の関係、割合の関係など、ある特定の量に着目して連立方程式を立式することで、連立方程式を使って具体的な問題を解決することができます。日常生活の中で数学が用いられていることへの関心が高く、身近に見られる数学を利用したものを見いだそうとしています。【2】

●連続する数の性質などについて、方針を明らかにした上で具体的な式変形の過程を示し説明することができます。授業中、課題の題意の正確な理解に努め、よく考え、論理的にわかりやすく表現しようと努めていることがよくわかります。【3】

●三平方の定理を用いて、日常生活の中で解決したい場面を理想化したり単純化したりして解決することができます。与えられた図で考えるのではなく、自分で図を描いて考える習慣が身に付きました。【3】

〈B評価の例〉

●仮平均を定めて処理することで、効率よく平均を求めるなど、正の数と負の数を具体的な場面で活用することができます。【1】

●具体的な空間図形について、その見取図、展開図、投影図を用い、図形の各要素の位置関係を調べることを通して、論理的に考察し表現することができます。【1】

●買い物した時のおつりなどの具体的な場面と関連付けて、一次式の加法と減法の計算の方法を考察し表現することができます。【1】

●1年生で学習した計算の方法と関連付けて、整式の加法と減法や単項式の乗法と除法の計算の方法を考察し表現することができます。【2】

●図形をよく観察したり、作図したりする操作などの活動を通して、三角形や四角形などの多角形の角の大きさについての性質を推論し、それを級友にわかりやすく表現することができます。【2】

●四分位範囲や箱ひげ図を用いてデータの分布の傾向を比較して読み取ったり、批判的に考察し判断することができます。【2】

●これまで学習した計算の方法と関連付けて、式の展開や因数分解をする方法を考察し表現することができます。【3】

●A判の紙の２辺の比などの日常生活の中にある課題に対して、平方根を用いて表したり処理したりすることで解決することができます。日常生活の中で数学が用いられていることへの関心が高く、身近に見られる数学を利用したものを見いだそうとしています。【３】

●三角形の相似条件などを基にして、平行線と線分の比についての性質を見いだし、それを確かめることができます。【３】

〈C評価の例〉

●文字式の計算はよくできますが、文字を使って表した式の意味の読み取りや文字式を使っての説明に苦手意識があるようです。文字を使うことのよさに気づき、苦手意識を解消していきましょう。【１】

●計算の途中経過をきちんと書く習慣が付くと、その結果として計算が正確になるでしょう。これからは、ていねいに途中過程を書いて計算を進めるようにしましょう。【１】

●図形の基本は身に付いています。推論の進め方のところでつまずいています。集中力も不足しています。つまずきの克服に重点をおいて個別指導しているところです。【２】

●指導や助言を待つのではなく、自分から表やグラフ、式を用いて関数問題を考えるようになると苦手意識克服につながると思います。面倒がらずにグラフを描いて考えるようになりましょう。【２】

●計算には自信をもって取り組みますが、考える問題には意欲を示さなくなります。文章問題では、問題の意味を図に表して説明するなどの努力を粘り強く続けていきましょう。【３】

●数の平方根についての理解はできているようですが、その計算となるとつまずきが見られます。つまずきの原因を自ら発見し、正確な計算ができるよう心がけましょう。【３】

③ 主体的に学習に取り組む態度

〈A評価の例〉

●いつでも自分の考えをしっかりもっています。わからないときは質問し、考え方を求められれば説明するなど、積極的に授業に参加しています。授業のふり返りも一時間で学んだことを自分の言葉でまとめることができます。【１】

●一次方程式の解き方ガイドブックをつくる課題に対して、学習した解き方を自分なりに整理、分類し、数学が苦手な人が見ても解き方がわかるようなガイドブックをつくることができました。【１】

●問題解法の間違いに対しては過程をていねいに見直し、つまずきの原因を見つけ、解決

する努力ができます。特に、図形の角度を求める問題では、ただ答えを求めるだけでなく、複数の求め方についてねばり強く分析し、求め方の理解を深めました。【2】

●グループ学習では、友達からの質問にていねいに答え、わかりやすく説明することができています。わかるように説明することが自分の理解を確実なものにします。これからも積極的に教えたり、説明したりすることを続けてください。【2】

●日常生活の中で数学が用いられていることへの関心が高く、身近に見られる数学を利用したものを見いだそうとしています。特に、数学を用いることのよさに関心が高いです。【3】

●グループで課題解決に取り組む学習では、グループの仲間と協力して取り組み、自らの責任を果たすだけでなく、グループの取組がより良くなるよう自分で考えて行動できたことが立派でした。【3】

〈B評価の例〉

●日ごろの自主学習の成果が授業中の活動の中で見られるようになりました。計算力の向上だけでなく、学習態度にも真剣さが加わってきました。【1】

●予習すること習慣が身に付いてきました。授業における取組みに大きな変化が見られます。特に、正の数と負の数の学習後半から真剣さが強く感じられるようになりました。【1】

●予習、復習という学習の基本が習慣化できたため、数学の学習全般に大きな改善が見られました。特に、計算力の正確さに効果となって表われています。【2】

●級友の前で堂々と自分の意見や考えを発表できるようになりました。自信をもって発表できるようになったのは、日々の努力の成果です。今後も努力を続けましょう。【2】

●計画的に学習する姿勢が見られます。計算力も向上してきました。学習の仕方に自信がついてきたようです。【3】

●質問をよくするようになりました。簡単な計算ミスでもやり直しをおろそかにせず、また、疑問点も進んで質問するようこれからも努めましょう。【3】

〈C評価の例〉

●授業中の学習への取組み姿勢はいいですね。しかし、結果となって表れないのはどうしてでしょうか。わからないからと簡単にあきらめていませんか。つまずきの原因を探ることや考えることを途中で放棄することがないか見直してはどうでしょうか。【1】

●グループ学習では、友達に積極的に質問している姿をよく見ることがあります。質問してわかったことは必ず復習して理解を確かめる習慣が付くといいですね。【1】

●ノートの作り方が身に付いていません。板書をただ写すだけでなく自分に必要な考え方など、学習したことが振り返れるノート作りをする必要があります。まずは、自分の考えや気づいたこと、今後役立ちそうなことを記録する習慣を付けましょう。【2】

●グループ学習に参加しようとしない消極的な姿勢が気になっています。学校はわからないところを解決するところです。わからないという声を大切にした授業づくりをしたいと思い指導にあたっています。勇気を出して「わからない」と言いましょう。【2】

●授業中の学習姿勢は評価できます。しかし、成果が表れないのはどうしてでしょうか。復習をおろそかにしていませんか。復習してわかったことを使って考える学習をしないと確実な定着とはなりません。家庭学習も含めて学習習慣を見直してみましょう。【3】

●学習習慣を付ける必要があります。授業でわかったことが復習をおろそかにすることによりわからなくなったり、定着しなくなったりします。わかっていることの復習は容易ですが、わからなくなると復習は困難です。【3】

4 "学びを変える" ためのアセスメント

　児童生徒一人一人の学習の成立を促すための評価を書くためにもっとも大切なことは、「あらかじめ決めておくこと」である。何を決めておくのか。それは目標（ゴール）である。Harry Potterの作者であるJ.K. Rowlingが「第1巻を書き上げる前に、第7巻のプロットができていた」と語った話はあまりに有名であるが、最終的なゴールが決まっていたからこそ、そこに至るストーリーが効果的に展開されたのだと言えるだろう。授業も同じである。それぞれの授業、単元において、最後に生徒に身に付けてほしい力が具体的に決まっていなければ、一人一人の生徒の発達を促す方向で評価することはできない。

　目標準拠評価を行うためには、まず学習指導要領を基にして授業者自身が目の前の生徒をみて目標（ゴール）を設定する必要がある。「目標」とは、学習後に実現させたい生徒の姿であり、その単元で身に付けさせたい資質・能力のことである。「目標」が達成されたかどうかを見取るのが評価である。「知識・技能」の評価にはペーパーテストや実技テスト、これからの社会を生き抜くために必要な資質・能力である「思考・判断・表現」力を評価するためにはレポートやプレゼンテーションなどのパフォーマンス評価等の多面的な評価方法が必要であることが学習指導要領には示されている。生徒の中に育てる資質・能力をどのように評価するのかを事前に決めておくことが、生徒の学びを変える指導と評価の一体化の実現へとつながると言えるだろう。

　具体例として、中2文字式において、次頁のような単元デザインを紹介する。授業者があらかじめこのような単元構想を持っておくことは授業にとって重要なことはもちろん、生徒にとってもこの単元での学びの見通しを持って学び方を変える上で重要になる。今回は評価をペーパーテストだけにとどまらない（ペーパーテストを指導する前に作成しておくことは極めて有効）ようにパフォーマンス課題を取り入れた。単元の最初にこのパフォーマンス課題を生徒に示すことで、単元で身に付ける知識・技能（身に付けていないとパ

フォーマンス課題がクリアできない）への必然性が生まれるとともに、単元が終わった時に何ができるようになっているかといった見通しが持てる。このように、あらかじめ目標（ゴール）を決め、それを生徒と共有する中で授業を進めていけば、指導と評価の一体化は実現し、１〜３のような生徒の学びを変えることにつながるコメントも書くことが可能になる。コメントを書くことが目的なのではない。学習指導要領に基づく資質・能力を生徒に育成することこそが目的なのであり、コメントはそのための手段にすぎない。指導と評価が一体となった授業があってはじめて生徒の学びを変えるコメントが書けるようになることをくり返し述べたい。

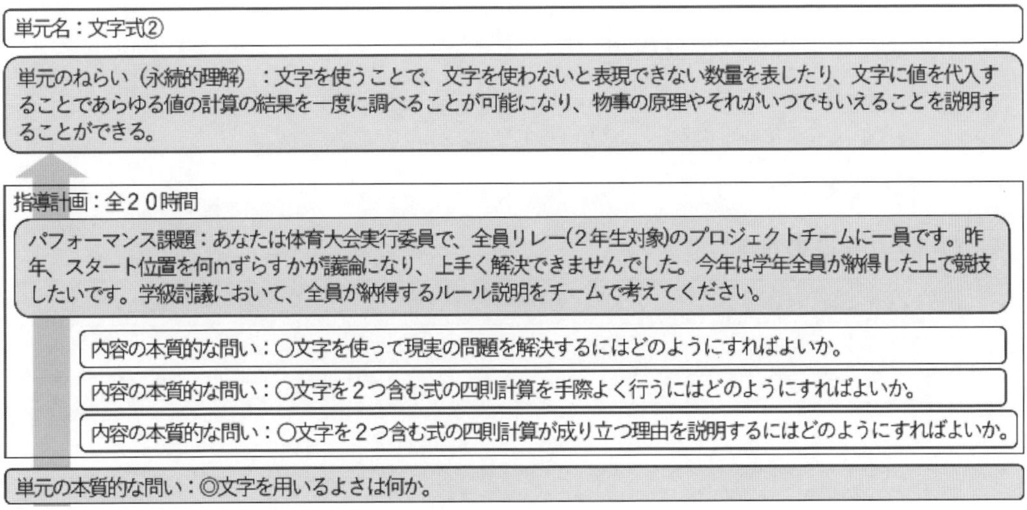

単元名：文字式②

単元のねらい（永続的理解）：文字を使うことで、文字を使わないと表現できない数量を表したり、文字に値を代入することであらゆる値の計算の結果を一度に調べることが可能になり、物事の原理やそれがいつでもいえることを説明することができる。

指導計画：全２０時間

パフォーマンス課題：あなたは体育大会実行委員で、全員リレー(２年生対象)のプロジェクトチームに一員です。昨年、スタート位置を何mずらすかが議論になり、上手く解決できませんでした。今年は学年全員が納得した上で競技したいです。学級討議において、全員が納得するルール説明をチームで考えてください。

内容の本質的な問い：○文字を使って現実の問題を解決するにはどのようにすればよいか。

内容の本質的な問い：○文字を２つ含む式の四則計算を手際よく行うにはどのようにすればよいか。

内容の本質的な問い：○文字を２つ含む式の四則計算が成り立つ理由を説明するにはどのようにすればよいか。

単元の本質的な問い：◎文字を用いるよさは何か。

図1　中2「文字と式」における単元構想図（執筆者実践）

理　科

●評価の観点及びその趣旨（指導要録）

（1）評価の観点及びその趣旨

観点	知識・技能	思考・判断・表現	主体的に学習に取り組む態度
趣旨	自然の事物・現象についての基本的な概念や原理・法則などを理解しているとともに、科学的に探究するために必要な観察、実験などに関する基本操作や記録などの基本的な技能を身に付けている。	自然の事物・現象から問題を見いだし、見通しをもって観察、実験などを行い、得られた結果を分析して解釈し、表現するなど、科学的に探究している。	自然の事物・現象に進んで関わり、見通しをもったり振り返ったりするなど、科学的に探究しようとしている。

（2）分野別の評価の観点の趣旨

観点／分野	知識・技能	思考・判断・表現	主体的に学習に取り組む態度
第1分野	物質やエネルギーに関する事物・現象についての基本的な概念や原理・法則などを理解しているとともに、科学的に探究するために必要な観察、実験などに関する基本操作や記録などの基本的な技能を身に付けている。	物質やエネルギーに関する事物・現象から問題を見いだし、見通しをもって観察、実験などを行い、得られた結果を分析して解釈し、表現するなど、科学的に探究している。	物質やエネルギーに関する事物・現象に進んで関わり、見通しをもったり振り返ったりするなど、科学的に探究しようとしている。
第2分野	生命や地球に関する事物・現象についての基本的な概念や原理・法則などを理解しているとともに、科学的に探究するために必要な観察、実験などに関する基本操作や記録などの基本的な技能を身に付けている。	生命や地球に関する事物・現象から問題を見いだし、見通しをもって観察、実験などを行い、得られた結果を分析して解釈し、表現するなど、科学的に探究している。	生命や地球に関する事物・現象に進んで関わり、見通しをもったり振り返ったりするなど、科学的に探究しようとしている。

1　知識・技能

〈A評価の例〉

●物体にはたらく力を見いだし、力の三要素を踏まえて矢印を使って正しく丁寧に表すことができました。つりあいについて正しく理解し、様々な課題にも熱心に挑戦し、応用する力、活用力もあります。【第1分野】

●実験器具を正しく使用し、回路に流れる電流や、回路に加わる電圧を測定するなど、測

定器具の読み取り方やデータ処理を速く正確に行うことができます。【第1分野】

●さまざまな化学変化に関する実験の結果をしっかりと理解し、原子のモデルや化学反応式で記述することができています。【第1分野】

●火山噴出物の色の違いは、何によるものかということを十分に理解しています。火成岩の鉱物の色や形、大きさ、集まり方に注目して観察し、その特徴をスケッチや文章で詳しく記録することができていました。【第2分野】

●イカの解剖を、丁寧に注意深く行い、生物の体のつくりや特徴について、適切に記録し、軟体動物の共通点についても示すことができていました。【第2分野】

●タマネギの根の細胞分裂が盛んな部分を選び、観察に適切な顕微鏡試料を作成できていました。観察用器具の正しい操作や手順を身に付けて観察を行い、短時間で多くの段階の分裂像を見つけ出し記録をすることができました。【第2分野】

●これまでの学習と努力が活かされ、実験のまとめやレポート作成の技術が向上してきました。読みやすく、図や解説を加えるなど、わかりやすく自分の考えをまとめる力がついてきています。【全般】

●学んだことを復習する姿勢と習慣が身に付いたことで、知識や技能の定着に大きな伸びが感じられます。その力が探究活動に生かされ、より楽しい学習に結びついています。【全般】

〈B評価の例〉

●電圧と電流の関係については理解し基本的な計算をすることができています。電力や発熱量などについても、基礎となる公式や単位について完全に理解し、使いこなせるようにしましょう。【第1分野】

●生活の中で様々なエネルギーを変換して利用しており、エネルギーの総量は保存されることを自然界の大きな原理として理解することができました。また、エネルギー資源の有効利用や利用の際の効率について認識できました。【第1分野】

●顕微鏡や観察用器具の基本的な操作や手順を身に付けて生物の観察を行うことができました。スケッチと記録をとって、レポートを作成することができています。【第2分野】

●身近な植物の基本的なつくりを理解しその共通点や相違点を見いだし、植物をいくつかのなかまに分類・整理することができるようになりました。【第2分野】

●気温、湿度、気圧、風向など気象要素について、その観測方法が身に付きました。季節風が吹くしくみや日本の四季の特徴について知っていますが、天気図の様子、大気の動きと関連づけて他に説明できるようになると、さらに深い理解に結びつきます。【第2分野】

●単細胞生物と多細胞生物の違いを比較し、細胞が生物の基本的最小単位であると理解できています。細胞が集まり、組織・器官をつくり、1個の個体として生物の体が成り立

つことも理解できました。【第2分野】

●生物の成長とふえ方について学習し、メンデルが示した実験結果や遺伝子の組み合わせを調べるモデル実験を通して、遺伝の規則性を見いだし理解できました。また、生物は親から遺伝子を受け継ぎ、世代を超えて伝えられることを理解できました。【第2分野】

●天体の日周運動と年周運動が起こるしくみについて、天球儀やモデル実験を通して理解しようと努力していました。課題に対し考える際の自分の位置や見える方角について、助言が必要なときもありますが、概ね理解できています。【第2分野】

〈C評価の例〉

●光や音の性質や進み方の規則性について、実験観察を積極的に行うことができましたが、レポートや作図には不十分なところが見られます。適切に正確に示すことを心がけ、結果をまとめる努力をしていきましょう。【第1分野】

●ガスバーナーの扱いや加熱の仕方など科学実験の基礎操作について、知識としては習得していますが、実際の扱いについてまだ未熟な部分があり、安全に留意してすばやく正確に行えることが大切です。【第1分野】

●実験結果をグラフに記すことはできていますが、そこから見いだされる関係性を知り、条件制御の部分を踏まえて、回路に成り立つ諸法則を理解し、未知の電流や電圧、電気抵抗を求められるようになるとよいでしょう。【第1分野】

●酸・アルカリなどに関する化学実験を行い、結果を記録していますが、一つひとつの操作は何を調べるためかを考えながら理解できることが必要です。結果からわかることを、レポートに記述できるようになるとよいと思います。【第1分野】

●小学校の学習を思い出す努力をしつつ、流水のはたらきによって運ばれた砕屑物が粒の大きさによってどのように堆積するのかわかるようになってきました。【第2分野】

●空気のかたまりとして寒気、暖気の動きや特徴を理解できていますが、地球規模のスケールでとらえられるようになれば、さらに偏西風などの動きについても理解することができるようになるでしょう。【第2分野】

●動・植物の細胞観察では、興味を持って観察しました。細胞像を視野に入れることはできるのですが、さらに明るさやしぼりの調節ができるようになると観察の技能が一段と上がります。細かな部分の特徴に注意して記録できるとよいでしょう。【第2分野】

●血管の種類や名称など基本的な事項について習得することができています。さらにはヒトの血液循環を心臓のつくりとはたらきに関連させて理解し、体内で吸収されたり排出される物質についても十分に把握できるようにしましょう。【第2分野】

② 思考・判断・表現

〈A評価の例〉

●酸とアルカリの中和について目に見えない粒子を意識して論理立てて考えることができています。粒子の個数としての概念から、水溶液の濃度と体積に変換して考える力を身に付けています。【第1分野】

●光合成と呼吸のはたらきを確かめる課題について、必要な材料や条件などを踏まえ、様々な条件設定を変えて実験計画を立てることができます。また、実験結果が示す事柄を科学的に正しく判断することができています。【第2分野】

●植物が水を吸い上げるしくみについて理解し、蒸散量から分析して解釈し、どの部分で盛んに行われているかをわかりやすく説明することができました。【第2分野】

●温帯低気圧の発達と関連づけながら前線の種類とその付近の大気の動きを図に示しながらわかりやすく説明できました。大気の性質や特徴を伝えようと、図の色使いに工夫を施していました。【第2分野】

●校庭での気象観測を意欲的に継続して取り組むことで、観測方法や記録の仕方を身に付けています。その観測記録をもとに、気象要素の変化と天気との関連性を見いだし、根拠を示しながら自信を持って周囲に説明している姿が印象的でした。【第2分野】

●地球以外の天体について強い興味関心を持って学習に取り組みました。特に、日食の観測においては、実体験したことに深く感動し、気づいたことなどをしっかりとまとめ、さらに調べてみようと意欲を表していました。【第2分野】

〈B評価の例〉

●水に溶ける溶質と温度のグラフの読み取りは確実にできるようになりましたが、それらを相互に関連させて解釈し、物質を取り出す定量的な思考ができるようになるとよいでしょう。【第1分野】

●物質の性質を調べるための実験器具等を適切に選択し、それらの基本操作を行うことができています。分解して生成した物質を予想する際に、推定する根拠となる事柄を示すことができるようになりましょう。【第1分野】

●身近な植物の体のつくりや違いに興味関心を持ち、様々な環境に応じて適応するための特徴や違いについて示すことができました。【第2分野】

●気流の動きと気圧の変化を関連づけて図やモデルを用いて説明することができるようになりました。【第2分野】

●植物の有性生殖について、模式図を使って説明することができるようになりました。理科の学習の基本的知識を活用して、自分自身での言葉や表現手段を持って、説明する力が身に付いてくることを期待しています。【第2分野】

●これからのエネルギーと環境保全に関する授業をとおして、自然環境を保全する大切さや意味が理解でき、自分としての意見を発表することができました。【第2分野】

〈C評価の例〉

●未知の気体について調べる方法を計画する課題では、これまでの学習をふまえて順序立てて推論する力が必要です。化学的知識を増やし、条件と結果と結びつけて考える力を伸ばしていきましょう。【第1分野】

●実験結果をグラフに記すことはできますが、そこから関係性を見いだすことについて十分とはいえません。条件制御の部分を踏まえて、回路に成り立つ諸法則を理解し、未知の電流や電圧、電気抵抗を求められるようになるとよいでしょう。【第1分野】

●水中の物体にはたらく力について、まずは1年で学んだつり合いの力を復習し応用する必要があります。水圧や浮力は物体の各面にはたらく圧力の差によって生じることを理解し説明できるようになりましょう。【第1分野】

●地震を記録したニュース映像や記録について、関心を示していました。地震のゆれの伝わり方は理解しているものの、地震計の記録から分析してわかる波の速さや震源からの距離などを導きだすことを正確に行えるように努力しましょう。【第2分野】

●唾液のはたらきを調べる実験を行いましたが、デンプンの有無を知るだけでなく、対照実験の意味を理解し関連づけて説明できると、さらに考察が深まったものになるでしょう。【第2分野】

●自然界のつり合いについて個体数の違いが生じることを理解しています。個体数の増減を表すグラフから、その要因として推測するなど、考えを表現する力を身に付けましょう。間違うことに臆せず、積極的に取り組む姿勢が大切です。【第2分野】

●電球が距離によって明るさが違って見えることは理解できますが、天文学的なスケールに置き換え、天体の動きや見え方について判断することが難しいことがあります。【第2分野】

3　主体的に学習に取り組む態度

〈A評価の例〉

●真空放電の実験に興味関心を持ち、自然現象として起こる放電について率先して調べようとしています。【第1分野】

●磁石とコイルを使って電磁誘導の実験を行い、検流計を使って電流が発生しているか調べることができました。また、モーターが回る仕組みや発電機のしくみについて、非常に強い関心を持って、自ら進んで調べ理解しようとしています。【第1分野】

●電池の実験では、より大きな電圧を生じさせるための工夫を他者と関わりながらグルー

プで積極的に話し合っていました。金属の面積を増やす工夫など、他が思いつかない着眼点で意見発表するなど、問題解決に向けて非常に意欲的でした。【第1分野】

●校庭や学校周辺の植物観察に意欲的に取り組み、その気づきについて他と積極的に意見交換し、自分の考えを調整することができました。【第2分野】

●ヒトの感覚器官のつくりと受け取った刺激を脳に伝えるしくみに関心を持って調べようとしていました。骨格や筋肉のはたらきについても、自分の体の動きをもとに、熱心に探求することができました。【第2分野】

●季節による太陽の南中高度の違いについて、理解できています。日本での場合を理解すると、それを応用して、さまざまな緯度の地点での場合に応用して考えてみようとするなど、探究の姿勢が素晴らしいと思います。【第2分野】

●有性生殖について、個体の形質の現れ方の違いについて、遺伝子の組み合わせと結びつけて説明することができました。わからなかった部分も、他者の意見を積極的に吸収しながら論理立てて結論にまで達成しようとする前向きな姿勢が素晴らしいと感じました。【第2分野】

〈B評価の例〉

●観察や実験を通して、光や音を波としてとらえ考察することができています。さらに、身近な現象と関連づけて音の違いと振動の様子などを調べることができました。【第1分野】

●身の回りの化学変化による熱の利用に興味を持ち、調べようとしています。クラスの話し合いでは熱心に耳を傾けていますが、日常生活と結びつけることができるようになるとさらによいでしょう。【第1分野】

●慣性の法則を身近な事例の中から当てはめて考えることができました。学習したことを生活に関連づけ、他の考えを聞いて自分の考えを調整しようとする姿勢がありました。【第1分野】

●身近な現象である霧や雲のでき方に興味を持ち、空気中の水の凝結に関する観察・実験を行うことができました。疑問に思うことを解決しようと他の解釈を聞いたり、調べたりする姿勢に現れるともっとよいでしょう。【第2分野】

●減数分裂のしくみや遺伝の規則性などの理解について苦労していましたが、グループ学習の中で「わからない」ことを自分でしっかり意思表示して、色つきカードや球を使って遺伝子の組み合わせを根気強く理解しようと努力する姿に成長を感じました。【第2分野】

〈C評価の例〉

●化学変化を考える場面では、目に見えない原子や分子のイメージができにくいため、反応の前後で原子の組み合わせが変わることの理解にとどまり、粘り強く考えることがで

きませんでした。【第1分野】

●電気ブランコの実験では、興味を持って観察していましたが、現象を磁力線を用いた図に書いて説明することに自信が持てない様子でした。あきらめずにいろいろなことに挑戦する気持ちを持って取り組みましょう。【第1分野】

●地震の伝わり方やメカニズムについて、学習した内容が知識として身に付いていないため、学びの姿勢にも消極的な部分が見てとれました。知識の積み上げと、復習などの努力が必要です。【第2分野】

●理科の授業での忘れ物があり、ノートやレポートの記述も空欄が目立ちます。学習の基礎基本を身に付けて、これからの学びに積極的な態度で臨むようにしましょう。【全般】

●今までに比べて徐々に積極的に学習に取り組めるようになりましたが、実験結果をまとめ比較することにとどまっています。浮かんだ疑問について、積極的に他者と関わって質問したりできれば、もっと考えが深まりまると思います。【全般】

●実験・観察の場面では指示を十分聞かずに行動している場面があり、正しい結果に結びつかないことがありました。実験の手順の一つ一つに見通しを持って取り組み、他と協働して行動し、スキルを身に付けるようにしましょう。【全般】

4 "学びを変える" ためのアセスメント

　中学校理科における評価の観点及びその趣旨（別表）をみると、三つの観点において共通していることは「科学的に探究する」という言葉である。理科の学習は、自然の事物・現象についての学びであることから、小学校の教科書で扱う分野、単元と中学校の教科書で扱うそれは、共通する部分も多いのである。よって中学校の教員は小学校理科の学びを十分に理解した上で指導に当たるべきであり、その際にはより深い知識・技能や思考力・判断力・表現力をもって「科学的な探究を目指す」ことに尽きるのである。小学校段階では「理科は楽しい」と思う理科好きな児童の割合が多いが、中学校に入ると急に理科嫌いが進むことからも、生徒にとって既習事項を踏まえた上で、いかに新鮮な発見や驚きを仕組み、ワクワクと学びに向かう姿勢につなげるかにかかっているのである。

　さて、答申では、「知識・技能」「思考・判断・表現」「主体的に学習に取り組む態度」の3観点に整理された。「知識・技能」の評価に当たっては、事実的な知識の習得を問う問題と自然界の事物について基本的概念や原理・法則を問う問題のバランスに配慮すること、また、観察・実験に関する手順や基本操作について、実技テスト等を取り入れて生徒が互いに評価する場面を設定するなどの工夫改善を図ることも必要である。ペーパーテストの設問に応答できるだけでなく、実際に自身で実験操作ができ、結果を適切なスケッチや表・グラフ等多様な方法で正確に記録できるように成長を促すコメントを添えたいもの

である。理科ではもちろんのこと、すべての教科で生きた探究活動に結びつける力がある
かどうかを評価すべきである。

　次に「思考・判断・表現」については、観察・実験から得られた結果を分析し解釈する
力が求められる。現行における評価も同じ観点を含んでいるが、新学習指導要領はその評
価方法が重要で、単純にペーパーテストの難しい計算や思考問題のみで評価するものでは
ないとしている。特に科学的に探究しているかどうかの評価材料として、レポートの作成
や課題に対する話し合い活動、発表など多様なもの（パフォーマンス評価）が考えられる。
特に実験レポートの質を高めることは、子どもの学びの変容に直結していく。実験手順や
使用する器具名、結果を書き入れる表まですべてが印刷されているワークシート、単純な
穴埋め的なワークシートで思考力が評価できるであろうか。生徒たちは同じ実験をしてい
るのだから、そのようなワークシートでは書く内容が画一的になってしまうため、評価が
正誤の確認作業になってしまい、それでは評価活動として不適切である。生徒の「科学的
な探究」を促し、育てたい資質・能力の成長に結びつけるには、レポートや発表を通して
必要なことを相手に伝えることにこだわることである。例えば、実験レポートは自分が計
画した（取り組んだ）実験について、その使用器具・薬品の使用目的、使用方法、手順、
注意事項が、そのレポートを読んだ相手に十分伝わるように書くことを指導する。入学時
から観察・実験のレポートの書き込み方を徹底的に指導する。他に伝えるための（他者が
読んでわかるような）レポートを書くという目的意識を持たせ、丁寧に書くことはもちろ
ん、詳しく正しく伝え表現できる力を、３年間で徐々に育てていきたい。結果を記述して
いるだけではＢ評価、それに対する自分の考えと根拠を示しながら文字言語で記述する
力、グループ等で発表し合う活動などを取り入れて音声言語で表現する力が発揮されてこ
そのＡ評価である。

　最後に、「主体的に学習に取り組む態度」は、先に述べた知識・技能の習得や、思考力・
判断力・表現力等の育成に取り組む過程で、生徒自らが目標を持ち学習を調整する力や、
粘り強く取り組む姿勢の二つの側面から評価することが求められる。ノートやレポートは
生徒にあらかじめ評価項目をはっきりと提示し、点数化（Ａ・Ｂ・Ｃ等より、10点満点の
○点のほうが望ましい）することがおすすめである。また、「私はなぜ満点でなく８点なの
か？」と問う生徒には、普段から良いレポートや論述の例を掲示するなどして自分のレ
ポートと比較させ、メタ認知させることで納得でき、目指す目標がはっきりして次の成長
につながっていく。どんな説明より効果的である。

音　楽

●評価の観点及びその趣旨（指導要録）

（1）評価の観点及びその趣旨

観点	知識・技能	思考・判断・表現	主体的に学習に取り組む態度
趣旨	・曲想と音楽の構造や背景などとの関わり及び音楽の多様性について理解している。 ・創意工夫を生かした音楽表現をするために必要な技能を身に付け、歌唱、器楽、創作で表している。	音楽を形づくっている要素や要素同士の関連を知覚し、それらの働きが生み出す特質や雰囲気を感受しながら、知覚したことと感受したこととの関わりについて考え、どのように表すかについて思いや意図をもったり、音楽を評価しながらよさや美しさを味わって聴いたりしている。	音や音楽、音楽文化に親しむことができるよう、音楽活動を楽しみながら主体的・協働的に表現及び鑑賞の学習活動に取り組もうとしている。

（2）学年別の評価の観点の趣旨

観点＼学年	知識・技能	思考・判断・表現	主体的に学習に取り組む態度
第1学年	・曲想と音楽の構造などとの関わり及び音楽の多様性について理解している。 ・創意工夫を生かした音楽表現をするために必要な技能を身に付け、歌唱、器楽、創作で表している。	音楽を形づくっている要素や要素同士の関連を知覚し、それらの働きが生み出す特質や雰囲気を感受しながら、知覚したことと感受したこととの関わりについて考え、どのように表すかについて思いや意図をもったり、音楽を自分なりに評価しながらよさや美しさを味わって聴いたりしている。	音や音楽、音楽文化に親しむことができるよう、音楽活動を楽しみながら主体的・協働的に表現及び鑑賞の学習活動に取り組もうとしている。
第2学年及び第3学年	・曲想と音楽の構造や背景などとの関わり及び音楽の多様性について理解している。 ・創意工夫を生かした音楽表現をするために必要な技能を身に付け、歌唱、器楽、創作で表している。	音楽を形づくっている要素や要素同士の関連を知覚し、それらの働きが生み出す特質や雰囲気を感受しながら、知覚したことと感受したこととの関わりについて考え、曲にふさわしい音楽表現としてどのように表すかについて思いや意図をもったり、音楽を評価しながらよさや美しさを味わって聴いたりしている。	音や音楽、音楽文化に親しむことができるよう、音楽活動を楽しみながら主体的・協働的に表現及び鑑賞の学習活動に取り組もうとしている。

1 知識・技能

〈A評価の例〉

●歌で表現したいイメージと、音楽の仕組みや歌詞の内容との関わりとを捉えることの意味や大切さを説明することができました。

●日本歌曲にあった声の出し方や、子音や母音の発音を工夫しながら日本語の美しさを伝える歌い方ができるようになりました。

●音楽の雰囲気や仕組みを捉えながら尺八を吹き、日本人が受け継いできた自然に対する考え方などと結びつけて曲の特徴を理解できました。

●リコーダーの吹き方を工夫することで演奏する曲の雰囲気にふさわしい音色を選び、楽器が本来もっている音を生かした演奏ができました。

●表現したいイメージに近づけようとフレーズを重ねたりずらしたりする工夫を試すなかで、身近にある音楽の仕組みと比べながらそれぞれの特徴を理解することができました。

●フレーズの重ね方や繰り返しなどを組み合わせて思い浮かべたイメージを音楽にし、クラスの仲間に伝えるために工夫を重ねた音楽をつくることができました。

●鑑賞した曲の特徴を、音楽の仕組みや作曲された当時の人々の文化・生活と結びつけて捉え、音楽自体の成り立ちを理解することができました。

●琵琶やリュート、ギターといった弦楽器を生み出した国や地域の特色が、楽器の音色や音楽の特徴にあらわれていることを理解し、それぞれのもつ価値について考えることができました。

〈B評価の例〉

●歌から感じ取った雰囲気と、音楽の仕組みや歌詞の内容との関わりを理解できました。

●歌のよさや美しさを表現するための声の出し方を身に付けることができました。

●箏のいろいろな弾き方を工夫し、音色に違いが生まれることを理解できました。

●他の楽器との重なりに耳を傾けながら、クラスの仲間と合わせて演奏することができました。

●旋律をつくってイメージを表現するために、都節音階や沖縄音階などの音階がもっている特徴を理解できました。

●頭の中に浮かんだイメージを曲にするために、音を選んだり組み合わせたりすることができるようになりました。

●鑑賞した曲の特徴が、音楽の成り立ちや背景と関わっていることを理解できました。

●世界各地の音楽の特徴と、その国や地域で暮らす様々な人々の暮らしとの関係を理解できました。

〈C評価の例〉

●歌の成り立ちが、どのような音楽の雰囲気や表情を生み出すことにつながっているかを考えてみましょう。

●歌っているパートの役割を考えて、クラスの仲間と声を合わせて歌えるようにしましょう。

●演奏する曲の雰囲気を生み出している、音楽の仕組みや成り立ちを捉えることができるようになりましょう。

●イメージした雰囲気の音楽に近づくような音のつなげ方を、たくさん試してみましょう。

●音色や音の重なり方によって、音楽の感じや雰囲気がどのように変化するのか気をつけてみてください。

●鑑賞した曲のよさや美しさが、どのような音楽の仕組みによって生み出されているかを探ってみましょう。

2 思考・判断・表現

〈A評価の例〉

●イタリア歌曲の雰囲気や特徴を歌詞や音楽の仕組みをもとに捉え、自分なりに考えたその曲らしさを表現できる歌い方の工夫を考えました。

●歌のもっている優しい雰囲気を捉えながらも、音の強弱や言葉のアクセントを工夫しながらよりよい表現をめざして歌い方を探求しました。

●雅楽のもつ響きや特徴をつかみ、自分なりに考えた音楽のよさについてクラスの仲間と意見を交わしながら演奏の工夫を考えました。

●鑑賞した様々な《魔王》の演奏の中から特に気に入ったものを見つけ、歌手が表現する上で大切にしている点とその理由を考えて紹介することができました。

●マンボやボサ・ノヴァといった中南米の雰囲気や特徴を身体を通してつかみ、それぞれの国や地域でどのように息づいているのかを考えました。

●音のつながり方や重ね方をクラスの仲間と協力して試しながら、よりイメージに合う音楽をつくろうと探究を重ねました。

●つくった音楽を聴きあうことで仲間の音楽の工夫を発見し、自分の音楽に積極的に取り入れようとしていました。

〈B評価の例〉

●合唱でのパートの重なりや掛け合いが生み出している雰囲気を捉えて、歌詞の内容が伝わるような表現を工夫しました。

●地域に伝わる民謡の特徴をつかみ、その曲がもっている価値や人々にとっての役割を考えながらよりよい歌い方を探りました。

●打ち方を変化させることで生まれる様々な打楽器の音色を生かして、曲全体の雰囲気を伝えることのできる演奏を工夫しました。

●曲の特徴を捉えた上で、リコーダーのタンギングやレガートを工夫しながら自分なりの演奏を追求しました。

●フレーズを繰り返したり調を変化させたりしながらイメージを膨らませ、表現したい音楽に近づける工夫ができるようになりました。

●自分がつくった音楽を演奏して振り返り、イメージに合わせるために音楽の仕組みをどのように変化させるか考えることができました。

●J.S.バッハが生きていた当時のヨーロッパ文化を捉えながら《小フーガ》を鑑賞し、旋律の重なっていく音楽と当時の人々との生活の関わりについて、考えることができました。

●世界各地の様々な歌の特徴が、それぞれの国や地域のどのような文化や特色によって生み出されたのかを考えながら鑑賞することができました。

〈C評価の例〉

●音の動きや伴奏を手がかりにして曲のイメージをつかみ、それが聴き手に伝わるような歌い方の工夫を考えてみましょう。

●弾き方によって変化する楽器の音色や強弱が、演奏する曲のどのような雰囲気や場面を表現できるのか探ってみるとよいでしょう。

●旋律が重なったり掛け合ったりする音楽の仕組みが生み出す雰囲気やイメージをつかみ、自分の音楽づくりに生かす方法を探りましょう。

●鑑賞した曲が自分たちの生活になにをもたらすのか、音楽の特徴をもとにして考えてみるとよいでしょう。

●江差追分とオルティン・ドーの共通点を探ったり、それぞれの音楽もつよさやおもしろさを見つけたりしながら聴いてみましょう。

③ 主体的に学習に取り組む態度

〈A評価の例〉

●楽しく学習することはもとより、自分なりに考えた歌うことの意味を、生活に生かそうとする姿勢が見られました。

●民謡を歌う際の発声や音色が、伝承されてきた土地のどのような生活や文化を映しているかについて考え、地域に伝わる民謡を継承する方法を考えようとしています。

●グループの仲間と協力して演奏するなかで、活動の楽しさと難しさの両面を捉えることができ、よりよいアンサンブルを目指しました。

●意欲的に和楽器の演奏に取り組み、演奏や表現を工夫するなかでみつけた音楽のよさを
　身近に人々に伝えたり、演奏を聴いたりして欲しいという意識をもつことができました。
●音楽をつくり出すことで、自分の身の回りの音や音楽により耳を傾けるようになり、音
　を大切にしてよりよい音との付き合い方を考えるようになりました。
●鑑賞した曲のよさやおもしろさを捉えるだけでなく、音楽を聴いて想像したり感じ取っ
　たりすることと自分自身との関わりを考え、生活に生かそうとしています。
●鑑賞を通して理解した曲の特徴をもとに、その音楽が成り立った背景と自分たちの身近
　な生活との相違点や共通点を考え、作品のよさをより深く知ろうとしています。

〈B評価の例〉
●音楽の特徴を生かして意欲的に歌い、よりよい工夫を求めて学習活動に取り組みました。
●同じパートやクラスの仲間と協力し、互いの役割を理解しながら、曲のよさを伝えるこ
　とのできる合唱を目指しました。
●ギターで演奏する曲の特徴を捉え、そのよさを表現できる弾き方をすすんで身に付けよ
　うとしました。
●グループの仲間と音楽を表現することの楽しさを感じながら、一緒に演奏することの意
　味を考えることができました。
●いろいろな音を組み合わせたり音楽を展開させたりする活動を楽しむことが、音楽を自
　ら創りだす学習につながりました。
●自分のつくった音楽の特徴と身近な音楽との共通点を探り、自分と社会とのつながりを
　意識する学習ができました。
●鑑賞して味わった曲のよさや美しさを、自分の感じた魅力として積極的にクラスの仲間
　へ伝えていました。
●《運命》のよさやおもしろさを、音楽の仕組みや感じ取った雰囲気から探り、曲の成り
　立ちと結びつけて音楽全体を味わおうとしていました。

〈C評価の例〉
●クラスの仲間とともに歌い、曲のよさや美しさを見つけることに意識を向けてみましょう。
●自分のもっているイメージは、どのような音楽の仕組みを使うことで人に伝わるか考え
　てみましょう。
●クラスの仲間がつくった音楽を聴いて、音楽の仕組みがどのような雰囲気を生み出して
　いるかを探り、自分のつくる音楽に生かすことができないか考えてみましょう。
●曲の特徴がどのような音楽の仕組みによって生み出されているか、考えながら鑑賞しま
　しょう。

④ "学びを変える" ためのアセスメント

① 新しい評価の観点がもたらすもの

　2017年版学習指導要領において「資質・能力」の三つの柱で再整理された中学校音楽科の目標をみてみると、「学力の3要素」と対応していることがわかる。2019年の指導要録改訂によって、音楽科における評価の観点は従来の四つから、他教科と同じく三つに整理されることになった（74頁参照）。つまり、新しい評価の観点も学力の3要素に対応することになる。教科の目標と評価の観点とが共通した枠組みで示されたことによって、音楽科も生徒の学力の育成を担う大切な教科であることが、より明確になったといえるだろう。

　また、評価の観点が変わるということは、生徒の学習状況を把握する視点も変わることを意味する。ここでは、生徒が新しい学びを実現できるための留意点を観点別に確認し、学習状況を把握するための新たな視点について考えてみたい。

② 「音楽的な見方・考え方」と三つの「資質・能力」

　音楽科の目標においては、「音楽的な見方・考え方を働かせ、生活や社会の中の音や音楽、音楽文化と豊かに関わる資質・能力」を育成することがうたわれている[1]。このなかの「音楽的な見方・考え方」は、「音楽に対する感性を働かせ、音や音楽を、音楽を形づくっている要素とその働きの視点で捉え、自己のイメージや感情、生活や社会、伝統や文化などと関連付けること」[2]であるとされ、2008年版学習指導要領における〔共通事項〕と重なるものである。つまり、音や音楽の知覚・感受を基盤とした学習が、2017年版学習指導要領においても引き続き求められることになる。

　そのうえでまず、「知識・技能」について確認したい。この観点は、「曲想と音楽の構造や背景などとの関わり及び音楽の多様性について理解する」[3]と示された教科の目標(1)に対応している。これまでの音楽科において「知識」として扱われてきたもののなかには、教材曲との関連が分かりにくいものが多く、「単なる情報」として生徒に受け取られてしまうことがあった[4]。そういった知識は決して無駄なものではない。しかし、音楽科の授業が楽曲の表現を深めたり、味わって鑑賞したりする場である以上、知識は生徒の学習活動を深化させるためのものとして位置づけられる必要があるだろう。そのために、音や音楽の知覚・感受が大きな役割を果たす。曲想は音楽の構造が作用して生み出される。また、発声や発音の仕方に人々の生活環境などが影響しているように、音楽の構造と楽曲の背景にも関わりがある。つまり、生徒自身が曲想、構造、背景の関係を、音や音楽の知覚・感受によって実感をもちながら理解することが大切となる。音楽科において知識を得ることは、用語や記号を単に暗記したり、楽曲にまつわる逸話や時代区分を知るということとは次元が異なる。また、「技能」は「創意工夫を生かした音楽表現をするために必要」[5]なものとされる。技能は、生徒のもつ思いや意図を実現するために必要となるので

ある。そのためにも、表現したい教材曲の雰囲気やイメージを、音や音楽の知覚・感受によって生徒自身が捉えられるようにしたい。ただし、教師による技能の指導自体が否定されるものではない。生徒が必要とする場において技能を適切に指導することは、教師の大切な役割であろう。注意したいのは、生徒が技能の獲得に意味を見出すことができないような教え込みをしてしまうことである。生徒一人一人が捉えた教材曲の魅力と結びつくことによってはじめて、技能が意味をもつことになる。

次に「思考力・判断力・表現力」について確認する。この観点は、「音楽表現を創意工夫することや、音楽のよさや美しさを味わって聴くことができるようにする」[6]と示された教科の目標(2)に対応している。表現領域の学習では、生徒が知識・技能を生かした音楽表現の工夫を、鑑賞領域の学習では知識を生かして教材曲のよさや美しさを味わって聴いたりすることになる。すなわち、習得した知識・技能の活用に深く関わる観点となる。これまでの音や音楽の知覚・感受を基盤とした学習において、音楽を形づくっている要素にイメージや雰囲気を対応させるにとどまるといった、いわば「知覚・感受が目的化」してしまうようなことはなかっただろうか。こういった状況は、「知識の暗記」や「技能の教え込み」などと同様に、生徒の学習における活動の意味付けを不明確なものとしてしまう。音や音楽の知覚・感受によって習得した知識・技能を、表現や鑑賞の学習によって活用することによって「生きた知識・技能」にしたいものである。

最後に「主体的に学習に取り組む態度」について確認したい。「音楽活動の楽しさを体験することを通して、音楽を愛好する心情を育むとともに、音楽に対する感性を豊かにし、音楽に親しんでいく態度を養い、豊かな情操を養う」[7]と示された教科の目標(3)に対応するこの観点では、従来の「関心・意欲・態度」に加えて「学びを人生や社会に生かそうとする」ことが重視される。ただし、「心情」「感性」「情操」については観点別学習状況の評価の対象とすることが難しい。むしろ、「態度」についてその学習状況を評価していくことになる。こうした情意面の指導と評価においては、学習態度の真面目さや発言の頻度などに目がいきがちである。生徒の表層的な学習状況にとどまらず、ポートフォリオへの記入を参考としたり、パフォーマンス課題をはじめとした生徒にとってより身近な文脈での課題設定によって、メタレベルで生徒に学習内容を捉えさせることが可能となろう。また、音楽科の学習が生徒の人生において果たす役割や意味を考えさせたり、他者と協働しつつ持続可能な社会を形成する態度を育成していく必要があることにも留意したい。

●注

1・3　文部科学省『中学校学習指導要領（平成29年告示）』東山書房、2018年、p.99
2　文部科学省『中学校学習指導要領（平成29年告示）解説 音楽編』教育芸術社、2018年、p.10
4　多賀秀紀「音楽文化の理解を目指す鑑賞領域の実践研究―「テクスチュア」を扱った中学校における《フーガ》の鑑賞―」『音楽学習研究』14、音楽学習学会、2018年、p.55
5－7　文部科学省『中学校学習指導要領（平成29年告示）』東山書房、2018年、p.99

美　術

●評価の観点及びその趣旨（指導要録）

（1）評価の観点及びその趣旨

観点	知識・技能	思考・判断・表現	主体的に学習に取り組む態度
趣旨	・対象や事象を捉える造形的な視点について理解している。 ・表現方法を創意工夫し、創造的に表している。	造形的なよさや美しさ、表現の意図と工夫、美術の働きなどについて考えるとともに、主題を生み出し豊かに発想し構想を練ったり、美術や美術文化に対する見方や感じ方を深めたりしている。	美術の創造活動の喜びを味わい主体的に表現及び鑑賞の幅広い学習活動に取り組もうとしている。

（2）学年別の評価の観点の趣旨

観点＼学年	知識・技能	思考・判断・表現	主体的に学習に取り組む態度
第1学年	・対象や事象を捉える造形的な視点について理解している。 ・意図に応じて表現方法を工夫して表している。	自然の造形や美術作品などの造形的なよさや美しさ、表現の意図と工夫、機能性と美しさとの調和、美術の働きなどについて考えるとともに、主題を生み出し豊かに発想し構想を練ったり、美術や美術文化に対する見方や感じ方を広げたりしている。	美術の創造活動の喜びを味わい楽しく表現及び鑑賞の学習活動に取り組もうとしている。
第2学年及び第3学年	・対象や事象を捉える造形的な視点について理解している。 ・意図に応じて自分の表現方法を追求し、創造的に表している。	自然の造形や美術作品などの造形的なよさや美しさ、表現の意図と創造的な工夫、機能性と洗練された美しさとの調和、美術の働きなどについて独創的・総合的に考えるとともに、主題を生み出し豊かに発想し構想を練ったり、美術や美術文化に対する見方や感じ方を深めたりしている。	美術の創造活動の喜びを味わい主体的に表現及び鑑賞の学習活動に取り組もうとしている。

1　知識・技能

〈A評価の例〉

●スケッチを描くことに慣れ親しんだことで、描く力、見る力や感じ取る力、考える力が格段に伸び、作品制作に反映しています。【1年　表現】

●形や色彩、材料、光などが感情にもたらす効果について理解し、材料や用具の可能性をいろいろ試しながら、イメージに合うように創造的に表現しています。【1年　表現】

●生活を豊かにする造形の視点を、実感をもって理解し、自分の作りたいものに合わせ、材料や道具を安全かつ巧みに使いながら自分らしく表現しています。【1年　表現】

●色彩や構図などの知識を実感をもって理解し、その知識を自作品の制作において効果的に生かし、印象の強い自分らしい作品に仕上げています。【1年　表現】

●材料や用具の特性を生かし、表したいイメージを強く心に描きながら、自分の表現意図に合う新たな表現方法を工夫するなどして創造的に表現しています。【2・3年　表現】

●立体のよさや美しさを造形的な視点から実感をもって理解し、その知識を生かし、立体的で存在感のある自分らしい作品に仕上げています。【2・3年　表現】

●余白や空間の効果、立体感や遠近感、量感や動勢などを実感をもって捉え、様々な技法を試す中でイメージに合うものを選び、自らの制作に生かしています。【2・3年　表現】

●材料や用具の特性を生かし、自分の表現意図に合う新たな表現方法を工夫したり開発したりしながら創造的に自分らしい表現をしています。【2・3年　表現】

●材料や用具の特性を生かし、制作の順序などを総合的に考え、見通しを持ちながら、計画的に創造的に最後まで粘り強く表現しています。【2・3年　表現】

〈Ｂ評価の例〉

●スケッチを描くことに積極的に取り組み、描く力、見る力や感じ取る力、考える力が育ってきています。【1年　表現】

●形や色彩、材料、光などが感情にもたらす効果について理解し、材料や用具の特性を生かし、自分のイメージに合うように創造的に表現しています。【1年　表現】

●生活を豊かにする造形の視点を、実感を伴って理解し、自分の作りたいものに合わせ、材料や道具を安全に使いながら表現しています。【1年　表現】

●色彩や構図などの知識を実感をもって理解し、その知識を自作品の制作に生かし、自分らしい作品に仕上げています。【1年　表現】

●材料や用具の特性を生かし、表したいイメージにするために、どのように材料や用具を使えばよいか考え創造的に表現しています。【2・3年　表現】

●立体のよさや美しさを造形的な視点から実感を伴って理解し、その知識を生かし、自分らしい作品に仕上げています。【2・3年　表現】

●余白や空間の効果、立体感や遠近感、量感や動勢などを実感をもって捉え、自らの制作に生かしています。【2・3年　表現】

●材料や用具の特性を生かし、自分の表現意図に合う新たな表現方法を工夫したりしながら創造的に表現しています。【2・3年　表現】

●材料や用具の特性を生かし、制作の順序などを総合的に考え、見通しを持ちながら、創造的に表現しています。【2・3年　表現】

〈C評価の例〉

●スケッチを描くことに苦手意識があり意欲が不足しています。上手く描こうと思うのではなく、自分の目を信じて心を込めて描くことが大切です。【1年　表現】

●材料や道具を安全に巧みに使うことが十分できていません。基本的な使い方をよく聞いて、まずは手を動かしてみましょう。「習うより慣れろ」です。【1年　表現】

●色彩や構図などの知識が十分身に付いていません。知識を単に覚えるのではなく、実際に手や五感を働かせ実感を伴って理解し生かしていくことが大事です。【1年　表現】

●材料や用具の特性を生かすことが十分にできていません。材料や用具と対話し、いろいろ試しながら、どうイメージに合わせ生かしていくか考えてください。【2・3年　表現】

●立体のよさや美しさを造形的な視点から十分に見ることができていません。いろいろな角度から造形物を見ながら量感や動勢を感じ取ってください。【2・3年　表現】

●制作の順序などを考え、制作の見通しを持つことが十分できていません。友達や先生と相談しながら簡単なスケジュール表を描いてみましょう。【2・3年　表現】

2　思考・判断・表現

〈A評価の例〉

●対象を見つめ感じ取った特徴や美しさなどを、形や色彩、材料や光などの造形的な視点で捉え、それを基に主題を生み出しています。【1年　表現】

●主題などを基に全体と部分との関係などを考え、形や色彩の効果、創造的な構成を工夫しながら、自分の作品イメージを心豊かに表現する構想を練っています。【1年　表現】

●造形的なよさや美しさ、対象のイメージ、作者の心情や意図と表現の工夫などを感じ取り、自分の思いや考えをもって味わい、友達と思いを交流しています。【1年　鑑賞】

●日本と西洋の美術や文化の相違と共通性に気付き、それぞれのよさや美しさなどを文章にまとめたりしながら友達と意見を交流しています。【1年　鑑賞】

●自己の内面を深く見つめ、感じ取ったこと、考えたこと、夢、想像や感情などの心の世界を深く耕す中で、自分らしい作品の主題を生み出しています。【2・3年　表現】

●主題などを基に想像力を働かせ、形や色彩の効果を生かして、単純化や省略、材料の組み合わせなどを考え、創造的な構成を工夫し、自分らしい心豊かな表現の構想を練っています。【2・3年　表現】

●目的や条件、伝えたい内容、使用するものの気持ちなどを基に、材料や道具の生かし方

を考えながら表現の構想を練っています。【2・3年　表現】

●形や色彩などの特徴や印象などから、作者の心情や意図と創造的な表現の工夫などを感じ取り、自分の価値意識を持ち友達と交流したりしながら鑑賞を深めています。【2・3年　鑑賞】

●造形的なよさや美しさ、作者の心情や意図と創造的な表現の工夫、目的や機能との調和のとれた洗練された美しさなどについて文章にまとめたり友達と交流したりしながら鑑賞を深めています。【2・3年　鑑賞】

〈B評価の例〉

●対象を見つめ感じ取った形や色彩の特徴や美しさなどを基に主題を生み出しています。【1年　表現】

●主題などを基に全体と部分との関係などを考え、形や色彩の効果を生かして創造的な構成を工夫し、心豊かな表現の構想を練っています。【1年　表現】

●造形的なよさや美しさ、対象のイメージ、作者の心情や意図と表現の工夫などを感じ取り、自分の思いや考えを持って味わっています。【1年　鑑賞】

●日本と西洋の美術や文化の相違と共通性に気付き、それぞれのよさや美しさなどを味わっています。【1年　鑑賞】

●自己の内面を深く見つめ、感じ取ったこと、考えたこと、夢、想像や感情などの心の世界から、自作品の主題を生み出しています。【2・3年　表現】

●主題などを基に想像力を働かせ、形や色彩の効果を生かして、単純化や省略、材料の組み合わせなどを考え、創造的な構成を工夫し、心豊かな表現の構想を練っています。【2・3年　表現】

●目的や条件、伝えたい内容、使用するものの気持ちなどを基に、表現の構想を練っています。【2・3年　表現】

●形や色彩などの特徴や印象などから、作者の心情や意図と創造的な表現の工夫などを感じ取り、自分の価値意識を持って鑑賞しています。【2・3年　鑑賞】

●造形的なよさや美しさ、作者の心情や意図と創造的な表現の工夫、目的や機能との調和のとれた洗練された美しさなどを感じ取っています。【2・3年　鑑賞】

〈C評価の例〉

●対象を見つめ形や色彩の特徴や美しさを感じ取ることが不十分です。まずは、じっくり見つめてみることです。そこには必ずあなたの捉えた美があります。【1年　表現】

●作品制作における主題を持つことが不十分です。自己の内面を深く見つめ、夢、想像や感情から自分なりの主題を生み出してください。【1年　表現】

●日本と西洋の美術や文化の相違と共通性への気付きが不十分です。友達と意見交流しながら、自分なりの感じ方や考え方、価値観などを築いていってください。【1年　鑑賞】

●主題を基に作品の構想を練ることが十分にできていません。紹介作品やいろいろな作品を見ることによってイメージを膨らませ構想を練ってください。【2・3年　表現】

●目的や条件、伝えたい内容、使用するものの気持ちなどを基に、表現の構想を練ることができていません。イメージをマインドマップや構想スケッチなどに描き可視化することで、構想を整理してみましょう。【2・3年　表現】

●鑑賞に関する意欲が不十分です。鑑賞には、どこかに正解があるわけではありません。自分の感じ方、考え方を大切にして、自分の中に価値意識を作っていってください。【2・3年　鑑賞】

③　主体的に学習に取り組む態度

〈A評価の例〉

●材料を自ら集めたり、道具類を大切に扱ったり、また、友達と協力しながら主体的に準備や後始末を丁寧に行っており、造形に対する基本的な姿勢がしっかり身に付いています。【1年　全般】

●対象を見つめ感じ取った形や色彩の特徴や美しさなどを表現することに関心を持ち、主体的に主題を生み出し、構想を練り、制作の見通しを持っています。【1年　表現】

●生活を豊かにする造形的な視点を実感をもって理解し、自分らしい作品になるように材料を自分で集めたり、独自の工夫を入れながら表現しています。【1年　表現】

●目的や機能と美しさの調和、作者の心遣いや願いなどに関心を持ち、主体的に感じ取り、友達と意見交流する中で、自分の感じ方、考え方を確かなものにしています。【1年　鑑賞】

●自然物や人工物の形や色彩などに関心を持ち、主体的にそのよさや美しさを感じ取り、生活や社会の中の美術文化と豊かに関わることについて考えています。【1年　鑑賞】

●夢、想像や感情などの心の世界の表現に関心を持ち、自己の内面を深く見つめ、主体的に主題を生み出し、自分らしい作品の構想を練っています。【2・3年　表現】

●材料や用具の特性などを主体的に生かし、用具の準備や後始末、安全で巧みな使い方に留意しながら、表現方法を工夫して表現しています。【2・3年　表現】

●目的や用途を考えてつくり出すことに関心を持ち、絵の具やコンピューターなどの描画ツールを自ら選び取り、その特性を生かしながら主体的に造形しています。【2・3年　表現】

●形や色彩などの特徴や印象、本質的なよさや美しさ、作者の心情や意図と創造的な表現の工夫などに関心を持ち、主体的に感じ取り、友達と積極的に意見交流しています。【2・3年　鑑賞】

●文化遺産や美術文化に関心を持ち、主体的によさや美しさを感じ取り、感じたことをまとめプレゼンテーションしたり、友達と交流したりしながら想いを深めています。【2・3年　鑑賞】

〈B評価の例〉

●材料を自ら集めたり、道具類を大切に扱ったり、後始末を丁寧に行ったりしており、造形に対する基本的な姿勢が身に付いています。【1年　全般】

●対象を見つめ感じ取った形や色彩の特徴や美しさなどを表現することに関心を持ち、主体的に主題を生み出し、構想を練っています。【1年　表現】

●生活を豊かにする造形的な視点を実感をもって理解し、自分らしい作品になるように工夫しながら表現しています。【1年　表現】

●目的や機能と美しさの調和、作者の心遣いや願いなどに関心を持ち、主体的に感じ取っています。【1年　鑑賞】

●自然物や人工物の形や色彩などに関心を持ち、主体的にそのよさや美しさを感じ取り、生活の中の美術の働きなどを感じ取っています。【1年　鑑賞】

●夢、想像や感情などの心の世界の表現に関心を持ち、主体的に主題を生み出し構想を練っています。【2・3年　表現】

●材料や用具の特性などを主体的に生かし、表現方法を工夫して表現しています。【2・3年　表現】

●目的や用途を考えてつくり出すことに関心を持ち、絵の具やコンピューターなどの描画ツールの特性を生かし、主体的に造形しています。【2・3年　表現】

●形や色彩などの特徴や印象、本質的なよさや美しさ、作者の心情や意図と創造的な表現の工夫などに関心を持ち、主体的に感じ取っています。【2・3年　鑑賞】

●文化遺産や美術文化に関心を持ち、主体的によさや美しさなどを感じ取っています。【2・3年　鑑賞】

〈C評価の例〉

●材料を自ら集めたり、道具類を大切に扱ったり、後始末を丁寧に行ったりすることができていません。基本的なことを丁寧にすることの向こうに、つくりだす喜びは待っています。【1年　表現】

●生活を豊かにする造形への関心が不十分です。自分の身の回りの美に目を向け、生活に潤いを与え豊かにしてくれているものを探してみましょう。【1年　鑑賞】

●材料や用具の特性などに対する理解が不十分です。実際に自分の手を動かし、試行錯誤しながらその特性を理解し、積極的に自らの表現に生かしましょう。【2・3年　表現】

●目的や用途を考えてつくり出すことへの関心が不十分です。まずは、生活を豊かにしてくれているデザインや工芸品の美に目を向けることが大切です。【2・3年　表現】

●文化遺産や美術文化に対する関心が不十分です。古いお寺であったり公園の銅像であったり、まずはじっくり見つめることです。そこには必ず美があります。【2・3年　鑑賞】

❹　"学びを変える" ためのアセスメント

　美術の「目標に準拠した評価」で大切にしたいところは、「知識・技能」「思考・判断・表現」「主体的に学習に取り組む態度」という3観点で、元来「見えにくい」と言われる美術の学力を、生徒の内面までよく見つめながら丁寧に見取り評価していくところにある。

　しかし、上記3観点でクラス全員の学力を見取ることは、並大抵のことではない。「どのような知識や創造的な技能で発想や構想を形にしようとしているか」「どのような発想・構想で作品をつくろうとしているか」、また「どのようなことを感じ、考え、深めながら鑑賞しているか」「どのように主体的に美術の学びに向かっているか」、情意的な側面の強い「見えにくい学力」を見えやすくして見取る手だてが、どうしても必要になってくる。

　そこで薦めたいのが、学習の成果物をポートフォリオ的に貼り付ける「美術ノート」の活用である。「美術ノート」には、毎時間のめあて・ふりかえり、構想スケッチ、作品の写真、鑑賞カードなどを貼り付けさせるが、上記の情意的な側面の強い「見えにくい学力」を、現場主義に則しながら見取ることができる。

　「主体的に学習に取り組む態度」については、毎時間のめあて・ふりかえりの記述から、学習活動に取り組む意欲と主体性を読み取ることが可能である。

　「思考・判断・表現」について、相互鑑賞の場面では、鑑賞カードにお互いの作品の造形的なよさや美しさを書き込ませ、その記述から読み取ることができる。自然の造形や美術作品の鑑賞の場面では、造形的なよさや美しさ、表現の意図と創造的な工夫について、友達と話しあったり、鑑賞カードに書き込ませたりしながら、その記述を基に読み取ることができる。また、表現の場面では、感じ取ったことや考えたことから、主題を生み出し、発想や構想を練り上げ、構想スケッチを描かせることで、見取ることが可能である。

　「知識・技能」の「知識」については、めあて、ふりかえり、構想スケッチ、鑑賞カードなどの記述から、「生徒が自分の感じ方で形や色彩の働きやイメージ、作品の傾向や特徴など」を実感を伴いながら理解しているかを読み取ることができる。また、技能については、初めの構想スケッチや毎回のめあて・ふりかえりの記述や完成作品の写真等を比べ合わせることで、どのように創造的な技能を獲得し使いこなしているかを認めていくことが可能である。

　また、近年現場ではICTの学習環境が充実してきているが、美術ノートをタブレットを

使って作成させる方法も考えられる。毎時間のめあて、作品写真、ふりかえりなどを1ページの提出物として提出させ、ポートフォリオ的に蓄積していくのである。これにより、教師は、1時間の生徒の歩みをつぶさに捉えることができ、生徒は、自らの歩みを自覚し、次時への見通しを持つことができる。

　「見えにくい学力」をできるだけ丁寧に見取り、評価し、生徒の表現や鑑賞を全力で応援することが、美術の「学びを変える」要件であると言えるだろう。

 保健体育

●評価の観点及びその趣旨（指導要録）

（1）評価の観点及びその趣旨

観点	知識・技能	思考・判断・表現	主体的に学習に取り組む態度
趣旨	運動の合理的な実践に関する具体的な事項や生涯にわたって運動を豊かに実践するための理論について理解しているとともに、運動の特性に応じた基本的な技能を身に付けている。また、個人生活における健康・安全について科学的に理解しているとともに、基本的な技能を身に付けている。	自己や仲間の課題を発見し、合理的な解決に向けて、課題に応じた運動の取り組み方や目的に応じた運動の組み合わせ方を工夫しているとともに、それらを他者に伝えている。また、個人生活における健康に関する課題を発見し、その解決を目指して科学的に思考し判断しているとともに、それらを他者に伝えている。	運動の楽しさや喜びを味わうことができるよう、運動の合理的な実践に自主的に取り組もうとしている。また、健康を大切にし、自他の健康の保持増進や回復についての学習に自主的に取り組もうとしている。

（2）学年・分野別の評価の観点の趣旨

分野・学年	観点	知識・技能	思考・判断・表現	主体的に学習に取り組む態度
体育分野	第1学年及び第2学年	各運動の特性や成り立ち、技の名称や行い方、伝統的な考え方、各領域に関連して高まる体力、健康・安全の留意点についての具体的な方法及び運動やスポーツの多様性、運動やスポーツの意義や効果と学び方や安全な行い方についての考え方を理解しているとともに、各領域の運動の特性に応じた基本的な技能を身に付けている。	運動を豊かに実践するための自己の課題を発見し、合理的な解決に向けて、課題に応じた運動の取り組み方や目的に応じた運動の組み合わせ方を工夫しているとともに、自己や仲間の考えたことを他者に伝えている。	運動の楽しさや喜びを味わうことができるよう、公正、協力、責任、共生などに対する意欲をもち、健康・安全に留意して、学習に積極的に取り組もうとしている。
	第3学年	選択した運動の技の名称や行い方、体力の高め方、運動観察の方法、スポーツを行う際の健康・安全の確保の仕方についての具体的な方法及び文化としてのスポーツの意義についての考え方を理解しているとともに、選択した領域の運動の特性に応じた基本的な技能を身に付けている。	生涯にわたって運動を豊かに実践するための自己や仲間の課題を発見し、合理的な解決に向けて、課題に応じた運動の取り組み方や目的に応じた運動の組み合わせ方を工夫しているとともに、自己や仲間の考えたことを他者に伝えている。	運動の楽しさや喜びを味わうことができるよう、公正、協力、責任、参画、共生などに対する意欲をもち、健康・安全を確保して、学習に自主的に取り組もうとしている。

保健分野	健康な生活と疾病の予防、心身の機能の発達と心の健康、傷害の防止、健康と環境について、個人生活を中心として科学的に理解しているとともに、基本的な技能を身に付けている。	健康な生活と疾病の予防、心身の機能の発達と心の健康、傷害の防止、健康と環境について、個人生活における健康に関する課題を発見し、その解決を目指して科学的に思考し判断しているとともに、それらを他者に伝えている。	健康な生活と疾病の予防、心身の機能の発達と心の健康、傷害の防止、健康と環境について、自他の健康の保持増進や回復についての学習に自主的に取り組もうとしている。

1 知識・技能

〈A評価の例〉

● ハードル走では、「遠くから踏み切り近くに着地する」というハードリングのポイントを十分理解し、規定の台数を走り越すことができています。【体育1・2】

● 球技には攻防を展開し勝敗を競う楽しさや喜びがあることを十分理解することができています。そのうえで、バレーボールでは基本的なボール操作を身につけ、動いているボールに対して働きかけながら、ラリーを楽しむことができています。【体育1・2】

● 柔道の技の名称や基本的な技能のポイントを十分理解して、崩しでは、相手の動きに応じて、相手の体勢を不安定にし、技をかけやすい状態をつくり試合にのぞむことができています。【体育1・2】

● ダンスの技法を用い、動きの効果やリズムの変化・空間の崩しなどを取り入れながら、全身を使って大きくダイナミックに踊ることができています。【体育1・2】

● 跳び箱の高さや向きを変えても、力強く踏み切り腰を伸ばして前方に着手し、強く突き放すことによって、滑らかにして跳び越すことができています。【体育3】

● 陸上の跳躍種目においては、助走の位置やリズム、踏切のポイント等を十分理解して、自分に合った助走の仕方を身につけ、「助走の勢いを前へ」または「助走の勢いを上へ」切り替えて跳ぶことができています。【体育3】

● ゴール型では、仲間と連動した動きで組織的にゲームを展開することができています。またディフェンスから攻撃の切り替えが早く、スピード感のあるゲーム運びをすることができています。【体育3】

● ベースボール型では、作戦に応じた安定した打撃や走塁ができ、守備においても仲間と連携したプレイで試合を楽しむことができています。【体育3】

● 応急処置の意義を十分理解したうえで、その場でできる傷害の手当てや応急手当の手順・心肺蘇生・AEDの使用など正しい処置方法を習得することができています。【保健】

〈B評価の例〉

● 体つくり運動では、仲間と動きを合わせることで互いの心身の状態に気づいたり、関わ

りあったりすることができています。【体育1・2】

●技の名称や運動の行い方を理解したうえで、回転系や巧技系の技を組み合わせ、技と技が途切れないように工夫して、連続技を発表することができています。【体育1・2】

●運動の行い方や改善のポイントなど理解したことを活用して、実際の動きの向上が図れるように繰り返し取り組んでいきましょう。【体育1・2】

●ゴール型では、正確なパス・キャッチやシュートなど、基本的なボール操作を習得して、攻防の切り替えを早く行い、試合を楽しむことができています。【体育1・2】

●柔道の受け身の意義や行い方を理解して、技をかけられたときに安全に受け身をとることができています。【体育1・2】

●陸上競技には、自己の記録に挑戦したり競争したりする楽しさがあることを理解し、跳躍種目においては、自己設定した目標に近づけるために、自分にあった助走距離やリズムをつかむことができています。【体育3】

●平泳ぎでは、プルとキックのタイミングを図り、蹴り終わりでストリームラインを意識し、無駄な力を入れずに泳ぐことができています。【体育3】

●ベースボール型では、基本的なバット操作やボールの捕球・送球を身につけ、仲間と連携し合って試合を楽しむことができています。【体育3】

●現代的なリズムダンスでは、曲の特徴からアクセントのとり方などを工夫して、仲間とともに感じを込めて踊ったり、イメージをとらえて自己表現したりする楽しさを味わうことができています。【体育3】

〈C評価の例〉

●マット運動の連続技では、技と技のつなぎが途切れないように、技の順序を考えたりつなぎの技を入れたりするなど工夫してみましょう。【体育1・2】

●規定のハードルを一定のリズムで走りきるために、自分に合ったインターバルを見つけ歩数を合わせて、スピードを落とさずリズムよく走りきれるようにしていきましょう。【体育1・2】

●陸上の跳躍種目では、助走のスピードを生かすことができていません。助走を短くして最後の3歩のリズムや踏切位置を意識して、安定した踏み切りができるようになりましょう。【体育1・2】

●背泳ぎにおいて、全身の力が抜いた背面浮きを身につけ、手と足の動作と呼吸のタイミングを合わせて、バランスよく泳げるようにしていきましょう。【体育3】

●ベースボール型の試合の中で、常に定位置から動いているボールに対して働きかけ、打球に対するカバーリングやベースカバーができるように意識しましょう。【体育3】

●柔道では、相手の動きの変化に応じた基本動作や基本となる技を身につけて、相手を崩したり抑えたりすることで攻防の楽しさを味わいましょう。【体育3】

2 思考・判断・表現

〈A評価の例〉

●個人種目ではタブレットの映像により、自己の課題や仲間の課題を分析することができています。また、仲間と協働して練習や補助の仕方を工夫して、技の向上につなげることができています。【体育1・2】

●リレーでは、次走者がスタートするタイミングやバトンを受け取るタイミングを合わせるために、体力や技能の程度の違いを踏まえ、仲間とともに課題に向き合い、練習方法を工夫することができています。【体育1・2】

●ネット型では、相手から返球されるボールの質に合わせてパスを使い分け、効果的な攻撃ができるように作戦を立てることができています。【体育1・2】

●それぞれのダンスに応じて、表したいテーマにふさわしいイメージや踊りの特徴をとらえ、表現の仕方等を見つけ仲間に伝えることができています。【体育1・2】

●文化としてのスポーツの意義について、人々とスポーツを結びつける文化的な働きがあることを理解して、仲間と意見交流しながら考えを深めることができています。【体育1・2】

●運動の苦手な仲間に、技の行い方など学習した内容を言葉だけでなく、見本を見せたり補助したりすることで、「できる」喜びを共に感じることができています。【体育3】

●マット運動の集団演技では、グループ一人一人の技能の違いを把握し、それぞれの良さが生かせるように構成し、まとまった集団演技を創ることができています。【体育3】

●陸上の跳躍種目では、個に応じた踏み切り位置、振り上げ足や腕の引き上げなど、映像を見ながら分析して、仲間と解決策を共有することができています。【体育3】

●平泳ぎにおいて、キックとプルのバランスがちぐはぐな仲間に、ストリームラインの利点や行い方をわかりやすく伝えることができています。【体育3】

●球技では、チームを分析し課題を明らかにして、ポジションや練習等を考えることができています。また、映像からゲームを分析して、練習や戦術など工夫することができています。【体育3】

●喫煙・飲酒・薬物乱用が心身に与える影響を理解し、ストレスの対処の仕方とも関連付けて、意見交流を積極的にすることができています。【保健】

〈B評価の例〉

●マット運動における回転系の技のポイントやつまずきの事例を参考にして、仲間の課題や出来ばえ、美しく行うためのポイントを言葉や文字で仲間に伝えることができています。【体育1・2】

●個人種目において、映像で自他の動きを比較し、提示された練習方法から自己の課題や

仲間の課題に応じて、動きの習得のための練習方法を共有することができています。
【体育1・2】

●長距離走では、運動を行う上での身体の変化を理解して、ペース配分をコントロールできるような適切な声かけができています。【体育1・2】

●球技では、ボール操作やボールを持たないときの動きのポイントに気づき、ゲームで実践しながら、仲間とコミュニケーションが図れています。【体育1・2】

●現代的なリズムダンスでは、グループで意見交流しながら、単純な動きの繰り返さないようにリズミカルな動きをつなぎ合わせることができています。【体育1・2】

●運動やスポーツへの関わり方には多様性があることを理解して、「する、見る、支える、知る」など、自分なりの関わり方でグループで交流することができています。【体育1・2】

●陸上の跳躍種目では、助走の勢いを「遠く」「高く」変化させるための踏み切り方を、仲間とともに話し合い、練習方法を見つけ伝え合うことができています。【体育3】

●ソフトボールでは、ボール操作やバット操作の技術を身につけるためのポイントや試合で必要なカバーリングの方法などを見つけることができています。【体育3】

●柔道のグループ練習における攻防の中で、自己や仲間の動きを比較して、練習成果や改善すべきポイントを仲間に伝えることができています。【体育3】

●ダンスのテーマを深め作品創作や発表会に向けた話し合いの場面で、自分なりにとらえた音楽の特徴を仲間に伝えようとする努力が見られます。【体育3】

〈C評価の例〉

●器械運動では、提示された運動の行い方について仲間の意見や仲間の動きを参考にしながら、自分の言葉でポイントがまとめられるようにしましょう。【体育1・2】

●ハードル走において、練習用具や練習方法など学びの場を工夫して、自分のスピードや歩幅に合うインターバルを仲間と協力して見つけ出していきましょう。【体育1・2】

●ゴール型の球技では、攻防を展開や勝敗を競う楽しさや喜びが味わえるように、自分から空間を作り出したり空間に走り込んだりするためには、どのように動けばよいかを考えてみましょう。【体育1・2】

●柔道では、相手を尊重するなどの伝統的な競争する場面で、よりよい礼儀や所作について、自己や仲間の活動を振り返れるようになりましょう。【体育1・2】

●長い距離を泳ぐために、手と足の動きのバランスやスムーズな息継ぎの仕方などを、提示された行い方から見つけ出せるようにしていきましょう。【体育3】

●球技において、自分たちの課題に即したルールを工夫し、ボールをつなぐための技術や動き方を身につけ、仲間にも伝えられるようにしていきましょう。【体育3】

●個人技能においては、映像を見ながら自己の演技と仲間の演技を比較して違いに気づ

き、自分の技術的な課題を明らかにしていきましょう。【体育3】

●リズムをとらえるには、体のどの部分から動き始めるのが良いかを仲間とともに考え、仲間の意見も参考にして心と体の関係に気づけるようにしていきましょう。【体育3】

●「食生活と健康」では、仲間の意見も参考にしながら自分の食生活を振り返り、問題点と改善策が自分なりにまとめられるようになりましょう。【保健】

③ 主体的に学習に取り組む態度

〈A評価の例〉

●毎時間、積極的に声かけしながら準備や片付けをすることができています。また、一人一人の違いを認め、仲間への助言や励ましを行うことができています。【体育1・2】

●用具を用いる球技において、安全に配慮して周りに注意喚起し、練習や試合に積極的に取り組むことができています。【体育1・2】

●柔道では、畳の隙間や胴着の乱れなど安全面に対する声かけができています。また、相手を尊重し伝統的な行動の仕方を守って、仲間とともに積極的に取り組むことができています。【体育1・2】

●ダンスのグループ学習では、イメージをとらえた表現、簡単な作品創作の場面や踊りを通した交流を見せ合う場面で、自らの意見を述べるなど積極的に話し合いに参加することができています。【体育1・2】

●一人一人の違いを大切にしたうえで、運動の苦手な仲間が、個に応じた動きや課題に挑戦しやすい雰囲気や関わり方を考えた声かけができています。【体育3】

●一人一人の違いを大切にしながら多様な学びの場を設定して、主体的に仲間への助言や補助を行い、仲間の学習を援助することができています。【体育3】

●球技の試合では、スペース作りやスペースへのボール運びなど、チームの課題についての話し合いの中心となり主体的に取り組んでいます。【体育3】

●自分たちの技術に合わせたルールや用具を工夫し、チームの課題を克服できるように、仲間と協力して粘り強く取り組む姿が見られます。【体育3】

〈B評価の例〉

●仲間と協力して準備や片付けを行うことができています。また、練習内容や方法など仲間と確認しながら取り組むことができています。【体育1・2】

●柔道では、相手を尊重し伝統的な行動の仕方を意識しながら、かかり練習・約束練習等、練習段階に応じて学習することができています。【体育1・2】

●ダンスの創作では、自分の意見を述べるだけでなく、仲間の意見に対して質問するなど、よりよい動きを創りだそうと取り組んでいます。【体育1・2】

●個人種目では、一人一人の課題を解決するために、課題に応じた学びの場を設定し、挑戦している仲間に声をかけることができています。【体育3】

●チーム内の自分の役割を理解し、仲間と協力して取り組もうとする姿が随所に見られます。【体育3】

●人に任せるのではなく、自分の意見を仲間に伝えながらダンス創りに参加して、創ることの楽しさや踊ることの楽しさを味わうことができています。【体育3】

〈C評価の例〉

●苦手なことに仲間と一緒に挑戦することで、「できる喜び」や「挑戦することの楽しさ」を実感できるようにしましょう。【体育1・2】

●個人種目において、恐怖心が先に立ち技に挑戦することができませんでした。仲間の動きや助言を参考にして、できる技やできることに粘り強く取り組み挑戦していきましょう。【体育1・2】

●体つくり運動の話し合いの場面で、もっと自分の意見を伝えながら、仲間と一緒に体を動かし運動することを楽しみましょう。【体育1・2】

●どの種目でも、準備や片付け等分担された役割に責任を持って取り組み、一人一人の課題に進んで挑戦できるようにしていきましょう。【体育1・2】

●球技のゲーム分析や作戦を話し合う場面において、仲間の意見も参考にしながら、個人の動き方やゲーム展開上の課題に気づいて、話し合いに積極的に参加し意見が述べられるようにしていきましょう。【体育3】

●一人一人の違いを受け入れ、「できる・できない」にかかわらず仲間と励まし合い、自分の課題に積極的に取り組んでいきましょう。【体育3】

●「環境」が体に与える影響を理解して、仲間の意見や自分にできることを考え、実生活に生かせるように、自分なりにまとめられるようになりましょう。【保健】

4 "学びを変える" ためのアセスメント

　「生徒にどのような力が身に付いたか」という学習の成果を的確に捉え、教師が指導の改善を図るとともに、生徒自身が自らの学習を振り返り次の学びに向かうことができるようにするためには学習評価の在り方が重要である。

　学習指導要領にも示されているように、保健体育では、体力や技能の程度、性別や障害の有無等にかかわらず人には違いがある。そのことを配慮して、個に応じた動きや課題に挑戦できる環境や活動の場を設定することが大切である。

　そこで、「できる・できない」がはっきりする技能の評価に関しては、生徒の変化が見取れるように課題設定を明確にして、単に出来ばえや知識だけの評価にとどまることのな

いように、学習の過程を通した個別の知識や技能の習得状況について評価を行うようにする。

「主体的・対話的で深い学び」の視点から、ペア学習やグループ学習の中でICTを活用して、自己評価や他者評価を適時取り入れ、言語活動の充実を図る。話し合いの場面や振り返りノートへの記載などにより、思考・判断したことを表現させる。そのうえで、教え合い・学び合いの場に向かう生徒の様子や記述から「思考力・判断力・表現力」の評価を行う。学習ノートへの記述や話し合い活動を通して、「振り返り」「課題設定」「課題解決策」「改善点を意識した取り組み」が具体的な内容になっているかを評価する。生徒が記述したコメントに対して教師がコメントを返すことで、学びへの意欲や見通しを持った高次な課題設定につながると考える。また、振り返りが不十分な生徒や記述ができない生徒には、教師がコメントを返すことで新たな課題発見や課題解決の方法を見つける力が付いてくる。

「主体的に学習に取り組む態度」においては、生徒が自ら学習の目標を持ち、進め方を見直しながら学習を進める。その過程で新たな学習につなげられているか、粘り強く技能等を獲得したり考えたりしているかという、意志的な側面を捉えて評価する。言語活動やノートへの記述が具体的になると、個人やグループとしてやるべきことが明確になり、主体的に学習に取り組む態度の向上にもつながる。

3観点の資質・能力のバランスの取れた学習評価を行っていくために、ペーパーテストとスキルテストのみならず、学習ノート、グループ活動での話し合い、発表など多様な活動に取り組ませ、多面的、多角的に評価をすることで、生徒の変容を見取ることができる。また、自己の「できる喜び」や仲間の「できた喜び」を共有し合うことが、次の学びへとつなげることができると考える。

●参考文献
文部科学省『中学校学習指導要領（平成29年告示）解説　保健体育編』東山書房、2018年
『学習評価の在り方ハンドブック　小・中学校編』文部科学省国立教育政策研究所教育課程研究センター、2019年
今関豊一編著『平成29年改訂　中学校教育課程実践講座　保健体育』ぎょうせい、2018年

技術・家庭〈技術分野〉

●評価の観点及びその趣旨（指導要録）

（1）評価の観点及びその趣旨

観点	知識・技能	思考・判断・表現	主体的に学習に取り組む態度
趣旨	生活と技術について理解しているとともに、それらに係る技能を身に付けている。	生活や社会の中から問題を見いだして課題を設定し、解決策を構想し、実践を評価・改善し、表現するなどして課題を解決する力を身に付けている。	よりよい生活の実現や持続可能な社会の構築に向けて、課題の解決に主体的に取り組んだり、振り返って改善したりして、生活を工夫し創造し、実践しようとしている。

（2）分野別の評価の観点の趣旨

観点／分野	知識・技能	思考・判断・表現	主体的に学習に取り組む態度
技術分野	生活や社会で利用されている技術について理解しているとともに、それらに係る技能を身に付け、技術と生活や社会、環境との関わりについて理解している。	生活や社会の中から技術に関わる問題を見いだして課題を設定し、解決策を構想し、実践を評価・改善し、表現するなどして課題を解決する力を身に付けている。	よりよい生活や持続可能な社会の構築に向けて、課題の解決に主体的に取り組んだり、振り返って改善したりして、技術を工夫し創造しようとしている。

※Ａ材料と加工の技術：【材】Ｂ生物育成の技術：【生】Ｃエネルギー変換の技術：【エ】Ｄ情報の技術：【情】で表記

1　知識・技能

〈Ａ評価の例〉

●身の回りにある様々な製品について、それらの製品に込められた技術について十分理解し、ものづくりの視点や工夫について深く考えることができました。【材】

●木材、金属、プラスチック等の材料の種類と特徴、用途について十分理解し、材料と環境との関わりについて深く考えることができました。【材】

●製作に必要な図法についての特徴等を十分理解し、正確にかき表すことができ、機能、構造、材料、加工方法等について考えながら図面を正確にかくことができました。【材】

●木材、金属、プラスチック等を加工する工具や機械の仕組みや使い方について十分理解し、適切かつ目的に応じて正しく使用して、図面どおりに製作することができました。【材】

●生物育成の技術が生活に果たす役割について十分理解し、様々な作物や家畜などの特性と生物を育成するための技術や工夫について深く理解することができました。【生】

●生物の成育に適した条件や管理技術、成育環境と生物の特性・習性・食性を十分理解し、成育計画を立てて、継続して生物を成育することができました。【生】

●様々なエネルギー資源の種類、特徴、それらを利用する仕組みについて十分理解し、エネルギー変換の技術について深く理解することができました。【エ】

●電源の種類とその特徴、電気エネルギーを熱・光・動力に変換する仕組みについて十分理解し、動力伝達の仕組みや特徴について深く理解することができました。【エ】

●電気回路の基本構成や機器の構造、各部品の働きを十分理解し、電気機器や機械を安全に使用するための保守点検、事故防止の方法について深く理解することができました。【エ】

●エネルギー変換を利用した製作品の製作で、使用目的や使用条件、動力伝達の機構や部品、回路について十分理解し、的確に製作・評価・検討をすることができました。【エ】

●情報の技術に関する様々な用語の名称と、それらの用語の意味・役割について十分理解し、適切・的確に表現し使用することができました。【情】

●情報の技術についての科学的な原理・法則や、情報のデジタル化や処理の自動化、システム化、情報セキュリティに関わる技術の仕組みを十分理解し、活用することができました。【情】

●情報通信ネットワークの構成と、情報を利用するための基本的な仕組みを十分理解し、安全・適切なプログラムの制作、動作の確認及びデバッグ等が的確にできました。【情】

●計測・制御システムの仕組みを十分理解し、安全・適切なプログラムの制作、動作の確認及びデバッグ等が的確にできました。【情】

〈Ｂ評価の例〉

●身の回りにある様々な製品について、それらの製品に込められた技術について理解し、ものづくりの視点や工夫について考えることができました。【材】

●木材、金属、プラスチック等の材料の種類と特徴、用途について理解し、材料と環境との関わりについて考えることができました。【材】

●製作に必要な図法についての特徴やかき方を理解し、正しくかき表すことができるとともに、機能、構造、材料、加工方法等を理解し、図面をかくことができました。【材】

●木材、金属、プラスチック等を加工する工具や機械の仕組みや使い方について理解し、適切に使用して図面どおりに製作することができました。【材】

●生物育成の技術が生活に果たす役割について理解し、様々な作物や家畜などの特性と生物を育成するための技術や工夫について理解することができました。【生】

●生物の成育に適した条件や管理技術、成育環境と生物の特性・習性・食性を理解し、成

育計画を立てて、生物を成育することができました。【生】

●様々なエネルギー資源の種類、特徴、それらを利用する仕組みについて理解し、エネルギー変換の技術について理解できました。【エ】

●電源の種類とその特徴、電気エネルギーを熱・光・動力に変換する仕組みについて理解し、動力伝達の仕組みや特徴について理解することができました。【エ】

●電気回路の基本構成や機器の構造、各部品のはたらきを理解し、電気機器や機械を安全に使用するための保守点検、事故防止の方法について理解することができました。【エ】

●エネルギー変換を利用した製作品の製作で、使用目的や使用条件、動力伝達の機構や部品、回路等について理解し、製作・評価・検討をすることができました。【エ】

●情報の技術に関する様々な用語の名称と、それらの用語の意味・役割について理解し、適切に表現し使用することができました。【情】

●情報の技術についての科学的な原理・法則や、情報のデジタル化や処理の自動化、システム化、情報セキュリティなどに関わる基礎的な技術の仕組みを理解できました。【情】

●情報通信ネットワークの構成と、情報を利用するための基本的な仕組みを理解し、安全・適切なプログラムの制作、動作の確認及びデバッグ等ができました。【情】

●計測・制御システムの仕組みを理解し、安全・適切なプログラムの制作、動作の確認及びデバッグ等ができました。【情】

〈C評価の例〉

●身の回りにある様々な製品について、それらの製品に込められた技術について、ものづくりの視点や工夫についての理解が不十分です。【材】

●木材、金属、プラスチック等の材料の種類と特徴、用途について、材料と環境との関わりについての理解が不十分です。【材】

●製作に必要な図法についての特徴等の理解、正しくかくことが不十分です。【材】

●木材、金属、プラスチック等を加工する工具や機械の仕組みや使い方についての理解、それらを適切に使用して図面どおりに製作することが不十分です。【材】

●生物育成の技術が生活に果たす役割についての理解、様々な作物や家畜などの特性と生物を育成するための技術や工夫についての理解が不十分です。【生】

●生物の成育に適した条件や管理技術、成育環境と生物の特性・習性・食性の理解、成育計画を立てて、生物を成育することができませんでした。【生】

●様々なエネルギー資源の種類、特徴、それらを利用する仕組みについての理解、エネルギー変換の技術について理解が不十分です。【エ】

●電源の種類とその特徴、電気エネルギーを熱・光・動力に変換する仕組みについての理解、動力伝達の仕組みや特徴についての理解が不十分です。【エ】

●電気回路の基本構成や機器の構造、各部品のはたらきの理解、電気機器や機械を安全に

使用するための保守点検、事故防止の方法についての理解が不十分です。【エ】

●エネルギー変換を利用した製作品の製作で、使用目的や使用条件、動力伝達の機構や部品、回路等についての理解、製作・評価・検討をすることが不十分です。【エ】

●情報の技術に関する様々な用語の名称と、それらの用語の意味・役割についての理解、適切に表現し使用することが不十分です。【情】

●情報の技術についての科学的な原理・法則や、情報のデジタル化や処理の自動化、システム化、情報セキュリティなどに関わる基礎的な技術の仕組みの理解が不十分です。【情】

●情報通信ネットワークの構成と、情報を利用するための基本的な仕組みの理解、安全・適切なプログラムの制作、動作の確認及びデバッグ等ができませんでした。【情】

●計測・制御システムの仕組みの理解、安全・適切なプログラムの制作、動作の確認及びデバッグ等ができませんでした。【情】

② 思考・判断・表現

〈A評価の例〉

●材料と加工の技術が社会や環境に果たしている役割と影響について深く調べ、持続可能な社会を構築するために、材料と加工の技術のあり方を深く考えることができました。【材】

●生物育成の技術が生活や社会に与える影響について深く調べ、持続可能な社会を構築するために、生物育成の技術について深く考えたり表現したりすることができました。【生】

●エネルギー変換の技術が社会や環境に与える影響について深く調べ、持続可能な社会の実現のために、エネルギー変換の技術について深く考え、発想したりすることができました。【エ】

●情報の技術が社会や環境に果たしている役割と影響について深く調べ、持続可能な社会を構築するために情報の技術のあり方や活用のしかたを深く考えることができました。【情】

〈B評価の例〉

●材料と加工の技術が社会や環境に果たしている役割と影響について調べ、持続可能な社会を構築するために、材料と加工の技術について考えることができました。【材】

●材料に関わる身近な不便さや既存の製品の改善の余地、社会的な問題等について課題を設定し、解決策を考えたり表現したりすることができました。【材】

●生物育成の技術が生活や社会に与える影響について調べ、持続可能な社会を構築するた

めに、生物育成の技術のあり方や活用のしかたについて考えることができました。【生】

●育成環境の調整方法を構想して育成計画を立てるとともに、栽培又は飼育の課程や結果の評価、改善及び修正について考えたり表現したりすることができました。【生】

●エネルギー変換の技術が社会や環境に与える影響について調べ、持続可能な社会の実現のために、エネルギー変換の技術のあり方や進展について考えることができました。【エ】

●電気回路又は力学的な機構等を構想して設計を具体化するとともに、製作の過程や結果の評価、改善及び修正について考えたり表現したりすることができました。【エ】

●情報の技術が社会や環境に果たしている役割と影響について調べ、持続可能な社会を構築するために、情報の技術のあり方や活用のしかたなどを考えることができました。【情】

●使用するメディアを複合する方法とその効果的な利用方法等を構想して情報処理の手順を具体化し、制作の過程や結果の評価、改善及び修正について考えることができました。【情】

●入出力されるデータの流れを基に計測・制御システムを構想して情報処理の手順を具体化し、制作の過程や結果の評価、改善及び修正について考えることができました。【情】

〈C評価の例〉

●材料と加工の技術が社会や環境に果たしている役割と影響について調べ、持続可能な社会を構築するために、材料と加工の技術のあり方等を考えることが不十分です。【材】

●材料に関わる身近な不便さや既存の製品の改善の余地、社会的な問題等について課題を設定し、解決策を考えたり表現したりすることが不十分です。【材】

●生物育成の技術が生活や社会に与える影響について調べ、持続可能な社会を構築するために、生物育成の技術のあり方や活用等を考えることが不十分です。【生】

●育成環境の調整方法を構想して育成計画を立てるとともに、栽培又は飼育の課程や結果の評価、改善及び修正について考えたり表現したりすることが不十分です。【生】

●エネルギー変換の技術が社会や環境に与える影響について調べ、持続可能な社会の実現のために、エネルギー変換の技術のあり方や進展について考えることが不十分です。【エ】

●電気回路又は力学的な機構等を構想して設計を具体化するとともに、製作の過程や結果の評価、改善及び修正について考えたり表現したりすることが不十分です。【エ】

●情報の技術が社会や環境に果たしている役割と影響について調べ、持続可能な社会を構築するために、情報の技術のあり方等について考えることが不十分です。【情】

●使用するメディアを複合する方法とその効果的な利用方法等を構想して情報処理の手順を具体化し、制作の過程や結果の評価等について考えることが不十分です。【情】

●入出力されるデータの流れを基に計測・制御システムを構想して情報処理の手順を具体化し、制作の過程や結果の評価、改善及び修正について考えることが不十分です。【情】

③ 主体的に学習に取り組む態度

〈A評価の例〉

●進んでA～Dの各内容の技術と関わり、主体的に理解しようとし、常に振り返りながら粘り強く知識・技能を身に付けようと、深く取り組んでいました。【全内容共通】

●自分なりの新しい考えや捉え方によって解決策を深く構想し、自らの問題解決と過程について、よりよいものとなるよう改善・修正を繰り返していました。【全内容共通】

●よりよい生活や持続可能な社会の構築に向けて、A～Dの各内容の技術を工夫し創造していこうと主体的に考えようとしていました。【全内容共通】

〈B評価の例〉

●A～Dの各内容の技術と関わり、主体的に理解し、振り返りながら知識・技能を身に付けようとしていました。【全内容共通】

●自分なりの新しい考えや捉え方によって解決策を構想し、自らの問題解決と過程を振り返りながら、よりよいものとなるよう改善・修正しようとしていました。【全内容共通】

●よりよい生活や持続可能な社会の構築に向けて、A～Dの各内容の技術を工夫し創造していこうとしていました。【全内容共通】

〈C評価の例〉

●A～Dの各内容の技術と関わりにおいて、内容の理解、振り返りが不十分で、知識・技能を身に付けようとする態度が見られません。【全内容共通】

●自分なりの新しい考えや捉え方によって解決策を構想し、自らの問題解決と過程を振り返りながら、改善・修正しようとしていませんでした。【全内容共通】

●よりよい生活や持続可能な社会の構築に向けて、A～Dの各内容の技術を工夫し創造していこうとしていませんでした。【全内容共通】

④ "学びを変える" ためのアセスメント

　技術・家庭科の教師として、技術分野において、教科書の内容だけを教え、「ものづくり」の活動をしているだけでは、技術分野の「本質」を理解して指導しているとはいえない。「本質」を理解せずに「評価」をすることも難しい。したがって、技術・家庭科を指導するにあたり、まずは「目標及び内容」についての理解が必要であろう。ここでは『中学校学習指導要領（平成29年告示）解説　技術・家庭編』より重要であると思われる部分

を抜粋・紹介させていただくので、参考にしていただきたい。

　まず重要となるのが「目標」である。「目標」の冒頭文を三つに分けて解説している。

　「技術の見方・考え方を働かせ」について、「技術分野では、技術の開発・利用の場面で用いられる『生活や社会における事象を、技術との関わりの視点で捉え、社会からの要求、安全性、環境負荷や経済性などに着目して技術を最適化すること』などの技術ならではの見方・考え方を働かせ学習すること。」としている。そして、「この技術の見方・考え方は、技術分野の学びだからこそ鍛えられるという意味で技術分野を学ぶ本質的な中核ということもできる。さらに、今後遭遇する様々な技術に関する問題の解決場面においても働かせることもできるという意味で技術分野の学びと社会をつなぐものといえる。」とし、「技術の見方・考え方」についてかなり詳しく解説されている。

　「ものづくりなどの技術に関する実践的・体験的な活動を通して」について、「技術分野では、社会の問題解決の過程になぞらえ、科学的な知識等を踏まえて設計・計画し、身体的な技能等を用いて製作・制作・育成を行うといった『ものづくり』が行われている。この活動では、知識及び技能や思考力、判断力、表現力等とともに、それらを複合的に活用して人間の願いを具体的な形として実現する資質・能力を育成することができる。」としている。また、「知的財産を創造、保護及び活用しようとする態度や技術に関わる倫理観、他者と協働して粘り強く物事を前に進める態度、並びに勤労観や職業観などを育むことにもつながる」とし、技術分野の特徴である「実践的・体験的な活動」の重要性について、特に示されている。

　「技術によってよりよい生活や持続可能な社会を構築する資質・能力」については、この資質・能力が「技術分野の最終的な目標」であるとし、三つの柱が示されている。

　内容構成としては、各内容を「生活や社会を支える技術」「技術による問題の解決」「社会の発展と技術」の三つの要素で構成し、「学習過程と、各内容と三つの要素及び項目の関係」を23頁にある表に整理され示されている。また、各内容における三つの柱と3観点（「知識及び技能」「思考力、判断力、表現力等」「学びに向かう力、人間性等」）との関連については、60頁にある「技術分野　資質・能力系統表」も参考にしていただきたい。この表では、各内容において、「知識及び技能」では、技術についての基礎的な理解とそれらに係る技能、技術と生活や社会、環境との関わりについての理解、「思考力、判断力、表現力等」では、生活や社会の中から技術に関わる問題を見いだして課題を設定し解決する力、「学びに向かう力、人間性等」では、適切かつ誠実に技術を工夫し創造しようとする実践的な態度及び粘り強く取り組む態度がそれぞれ指標となることを示している。

●参考文献
文部科学省『中学校学習指導要領（平成29年告示）解説　技術・家庭編』開隆堂出版、2018年

技術・家庭〈家庭分野〉

●評価の観点及びその趣旨（指導要録）

（1）評価の観点及びその趣旨

観点	知識・技能	思考・判断・表現	主体的に学習に取り組む態度
趣旨	生活と技術について理解しているとともに、それらに係る技能を身に付けている。	生活や社会の中から問題を見いだして課題を設定し、解決策を構想し、実践を評価・改善し、表現するなどして課題を解決する力を身に付けている。	よりよい生活の実現や持続可能な社会の構築に向けて、課題の解決に主体的に取り組んだり、振り返って改善したりして、生活を工夫し創造し、実践しようとしている。

（2）分野別の評価の観点の趣旨

観点／分野	知識・技能	思考・判断・表現	主体的に学習に取り組む態度
家庭分野	家族・家庭の基本的な機能について理解を深め、生活の自立に必要な家族・家庭、衣食住、消費や環境などについて理解しているとともに、それらに係る技能を身に付けている。	これからの生活を展望し、家族・家庭や地域における生活の中から問題を見いだして課題を設定し、解決策を構想し、実践を評価・改善し、考察したことを論理的に表現するなどして課題を解決する力を身に付けている。	家族や地域の人々と協働し、よりよい生活の実現に向けて、課題の解決に主体的に取り組んだり、振り返って改善したりして、生活を工夫し創造し、実践しようとしている。

1　知識・技能

〈A評価の例〉

●栄養素の働きを理解し、栄養バランスを意識した1日分の献立を作成することができました。【1】

●悪質商法について理解し、トラブルを回避するために、どう行動すべきかを考え、まとめることができました。【1】

●家族の生活と住空間との関わりを理解し、住居の基本的な機能について自分の生活と結びつけながら、ノートにまとめることができました。【2】

●衣服の手入れでは、衣服の表示を確認し、正しい手順でアイロンをかけることができました。今度ぜひ家で実践してみましょう！【2】

●家庭内事故が起こりやすい場所を理解し、事故を予防するためにできる工夫を考えまし

た。リーダーシップを発揮して、グループで積極的に話し深めることができました。【2】

●幼児の心身の発達について理解することができました。家族に話を聞き、自らの幼児期を振り返ることで、より学習が深まりました。【3】

●幼児との触れ合い体験に向けて、絵本の読み聞かせを熱心に練習しました。当日は、幼児に寄り添い、よく通る声で読み聞かせを行うことができました。【3】

〈B評価の例〉

●調理実習では、安全に考慮し、さつま汁を完成させました。次は時間を意識して行動しましょう。【1】

●様々な支払い方法について理解することができました。それぞれの支払い方法の長所・短所を多面的に見ることができると、さらに学習が深まるでしょう。【1】

●海外の衣服と和服を比較し、和服にはどのような特徴があるのかを理解することができました。機会があれば、家で浴衣の着用に挑戦してみましょう！【2】

●衣服の役割を理解し、ＴＰＯを踏まえた服装を考えることができました。制服の役割も考えて、正しく着用できるといいですね。【2】

●基礎縫い練習では、まつり縫いができるようになりました。粘り強くよく頑張りました。今後も継続的に練習を重ね、裁縫の技能を身に付けていきましょう。【2】

●「自分史新聞」作成を通して、自分の成長を振り返り、多くの人に支えられてきたことを知ることができました。【3】

●家族・家庭の基本的な機能について、グループで話し合ったことを発表しました。意見をグループ内で発表し、共有することができました。【3】

〈C評価の例〉

●郷土料理について調べ、レポートを作成しました。要点を絞り、図を使用するなど工夫を加えれば、より分かりやすいレポートとなるでしょう。【1】

●調理実習には意欲的ですが、野菜の切り方に課題が残りました。もう一度、家庭で復習してみましょう。【1】

●被服実習の取り組み姿勢に、不安定さが見られました。計画的に実習を進めましょう。不安があれば、何でも相談に来てくださいね。【2】

●冬休みの課題である「大掃除レポート」では、未記入が多くみられました。一つ一つのことを丁寧に取り組むことが大切です。【2】

●幼児とのふれあい体験への参加が消極的でした。今後、幼児とのよりよい関わり方を考えていきましょう。【3】

●高齢者とのふれあい体験に参加することができませんでした。高齢者の身体の特徴を踏まえ、どう関わっていけばよいかを考えていきましょう。【3】

② 思考・判断・表現

〈A評価の例〉

●食品の選択や調理への興味・関心が高いです。計画的に調理実習を進め、美味しい「さつま汁」を調理することができました。あなたの得意分野の一つとして自信をもってください。【1】

●これまでの食習慣の振り返りを行いました。健康のためのよりよい食生活について考え、目標を設定することができました。【1】

●手先が器用で、安全に「エコバッグ」の制作を進めることができました。作品に刺しゅうを施すことで、作品への愛着が増しました。【2】

●衣服の汚れ落ちに関する実験では、グループで意見交換をしながら、予想をもとに実験を進めました。汚れの種類に着目し、結論を導き出し、みんなから賞賛されていました。【2】

●幼児の遊び道具の作成では、幼児の発達段階に応じた工夫が見られました。何通りもの遊び方があるところが素晴らしいです。【3】

●「家族や地域のためにできること」をグループで考え、ロールプレイを用いて効果的に発表することができました。聞き手をぐっと惹きこむ工夫が素晴らしいです。【3】

●幼児のおやつ作成では、栄養面や食べやすさはもちろん、幼児が喜ぶ盛り付け方の工夫を施すことができました。【3】

〈B評価の例〉

●チラシの見出しから、消費者の購買意欲を刺激する言葉の特徴や傾向を導き出すことができました。【1】

●季節を意識した献立を考えることができました。栄養素のバランスに配慮し、配膳方法にも工夫することができました。【1】

●安全な暮らしのために、自宅の危険箇所と改善点を考えました。グループで意見交流を行い、深めることができました。【2】

●被服実習で、作品にフェルトで装飾を施し、愛着ある作品に仕上げることができました。今後は刺しゅうにも挑戦してみましょう。【2】

●幼児とのふれあい体験に向けて、グループで絵本の読み聞かせの役割分担を行い、声色を変えるなど幼児が喜ぶ工夫をすることができました。【3】

●家族と家庭の仕事について考え、自分なりの目標を設定しました。今後、家庭で実行し、その振り返りをしましょう。【3】

〈C評価の例〉

●グループ活動で、自分の意見を述べることが苦手なようです。周囲の意見に耳を傾け、

参考にしてみましょう。【1】

●文字の書き方、絵や写真などの工夫があれば、よりよいレポートとなったはずです。次は、読み手を意識して書いてみましょう。【1】

●安全に考慮した間取り作成で、課題が残りました。自分でアイデアを考え、工夫する楽しさが今後の作業を通して分かるといいですね。【2】

●TPOに配慮した服装を考える取組で、手が止まってしまいました。まずは普段の生活から衣服のTPOに関して考えてみましょう。【2】

●絵本制作では、ひらがなで書くことや、分かりやすい表現をするなどの工夫があれば、さらに魅力ある作品になったでしょう。今後、先生や仲間にアドバイスを求めてみましょう。【3】

●保育園でのふれあい体験では、幼児の目線で話をすること、ゆっくり笑顔で話をすることが大切です。もう一工夫してみることで、あなたの思いが伝わり、より楽しい体験になるはずです。【3】

❸ 主体的に学習に取り組む態度

〈A評価の例〉

●「食事の役割と中学生の栄養の特徴」で学習した栄養素のはたらきや献立について、自らの生活に生かそうという意欲が見られました。【1】

●「金銭の管理と購入」では、多様な支払方法の利点と問題点を比較し、分かりやすくまとめることができました。新聞やニュースなどの情報源から情報を収集することで、さらに学習内容が深まるでしょう。【1】

●「衣服の選択と手入れ」では、衣服の材料や表示に関心をもち、学んだことを洗濯実習で実践することができました。これからも継続していきましょう。【2】

●被服実習での学習内容と反省点を実習シートに記録し、授業毎に提出することができました。実習後は後片付けがきちんとできました。【2】

●「住居の機能と安全な住まい方」では、家庭内事故の原因と対策を考え、発表することができました。今後、自然災害への備えとして、家の危険個所や避難場所について家族と話し合ってみましょう。【2】

●幼児とのふれあい活動では、幼児の表情や行動をよく見ながら、積極的に活動しました。幼児と目の高さを合わせ、丁寧に話を聞く姿から、あなたの優しさが伝わってきました。【3】

●グループ活動での話し合いでは、活発に意見交流し、発表者としても活躍しました。論点を整理して分かりやすく説明することができました。【3】

〈B評価の例〉

●板書を授業ノートに丁寧に写すことができました。また、試験前には自主学習ノートを作り、授業内容の振り返りをすることができました。【1】

●調理実習では、グループで計画通りに進めることができました。率先して、準備や後片付けをする姿が輝いていました。【1】

●意欲的に学習に取り組めています。授業内容をしっかり理解できているので、自信をもって自分の意見を発表してみましょう。【2】

●授業に意欲的に参加することができました。時々忘れ物が見られたので、先生の告知をきちんと聞き、今後注意しましょう。【2】

●家族を大切にしようという気持ちが授業の随所に伝わってきます。今後のふれあい体験での活躍も期待しています。【3】

●作品の制作過程の一つひとつが丁寧に行われていました。時間を意識して進め、作品を完成させましょう。【3】

〈C評価の例〉

●授業中に、集中が切れてしまう場面が見られました。明るい雰囲気で授業に参加できているので、けじめをつけられるとさらなる飛躍につながるでしょう。【1】

●宿題の提出期限を守ることができませんでした。家庭科に限らず、提出期限を守ることは大切です。次は期限を意識して宿題を計画的に取り組みましょう。【1】

●忘れ物が目立ちます。前日までに準備物を確認する習慣をつけましょう。できることを一つひとつ積み重ねることが、実力アップにつながります。【2】

●実習中、行き詰まると手が止まってしまう傾向があります。分からないところは先生や仲間に聞いて解決する姿勢が大切です。【2】

●作品制作はよく頑張りましたが、実習記録の提出が滞りました。反省を次の授業で生かせるよう、きちんと書いて提出しましょう。【3】

●ふれあい体験のレポートの取り組み方に丁寧さが欠けていました。体験したことをもとに、資料なども活用して作成することでよりよいレポートとなります。周囲の人のレポートを参考にしてみましょう。【3】

4　"学びを変える" ためのアセスメント

　教科所見は、教科担当から生徒へのお手紙である。文通で相手からの手紙を心待ちにするように、次の学期も生徒が先生からのコメントを楽しみに待っている。だから、生徒がその学期に「できたこと」「頑張っていたこと」を、具体的に評価したい。例えば、「夏休みの宿題の作品が素晴らしい出来で周囲に賞賛されていた。」「被服実習でまつり縫いを丁

寧に施すことができ、みんなのお手本となった。」「栄養バランスを工夫して1日分の献立作りができ、上手に発表していた。」「ノートをきちんととり、図も交えながらまとめを記入することができた。」など、「先生は私たちのことをしっかり見てくれているのだな。」と安心感と達成感を与えられるよう内容を考えたい。一方で「できなかったこと」「苦手だったこと」など課題として残ったことは、次の学期に生徒が、授業にどういった姿勢で臨めば、どんな努力をすれば、家庭科の学習内容が身に付き、今後の実践につながっていくのか、先生からのあたたかいアドバイスを伝えてあげてほしい。

　家庭科という教科上、中学校1〜3年全ての学級の授業を、一人で受け持たれている先生が多い。日々忙しくされている先生方が、大勢いる生徒一人一人の言動を、全て記録していくことは不可能に近い。でも、生徒が「頑張っていること」「工夫している箇所」などを、ノートやワークシート、発表、実習、レポートなどから見つけて、評価してやることはできる。「忘れ物をせず授業に臨んでいる。」「グループの子に丁寧に教えてあげた。」「意欲的に挙手し発表している。」など、生徒の日々の小さな頑張りを、評価してあげるだけで、今後の授業への意欲の高まりにつながるだろう。

　新学習指導要領では、「和服」「和食」「高齢者」などの新しい内容も導入されている。時代の流れに柔軟に対応しつつ、幅広い知識を身に付けさせられるようにしたい。家庭科の授業を通して、多くのことを学び、たくさんの気づきが生まれ、それらが生徒の今後の人生に生きることを願いたい。

外国語

●評価の観点及びその趣旨（指導要録）

観点	知識・技能	思考・判断・表現	主体的に学習に取り組む態度
趣旨	・外国語の音声や語彙、表現、文法、言語の働きなどを理解している。 ・外国語の音声や語彙、表現、文法、言語の働きなどの知識を、聞くこと、読むこと、話すこと、書くことによる実際のコミュニケーションにおいて活用できる技能を身に付けている。	コミュニケーションを行う目的や場面、状況などに応じて、日常的な話題や社会的な話題について、外国語で簡単な情報や考えなどを理解したり、これらを活用して表現したり伝え合ったりしている。	外国語の背景にある文化に対する理解を深め、聞き手、読み手、話し手、書き手に配慮しながら、主体的に外国語を用いてコミュニケーションを図ろうとしている。

1 知識・技能

〈A評価の例〉

●基本文や語句等の意味や使われ方についての理解はもちろんのこと、それらを様々な場面で積極的に活用しているため、技能面でも自分で必要な時に使える状況になっています。この調子で、今後も学んだことを活用していきましょう。【1】【2】【3】

●文法や語彙などの知識面は非常にしっかりしており、テストでも高い点数を取ることができました。今後は、ぜひそれを自分で活用して英語で表現したり、理解したりできるレベルまで高めていきましょう。【1】【2】【3】

〈B評価の例〉

●基本文や語句等の意味や使われ方について理解できています。また、それらの表現を用いて表現することもおおむねできています。【1】【2】【3】

●基本文や語句等、おおむね理解しており、「話すこと」など音声での表現はできていますが、「書くこと」など文字などで表すことになると、少し課題も見受けられます。書く練習に力を入れていくと、さらに英語の技能が高くなっていくことが期待できます。【1】

〈C評価の例〉

●アルファベットを正しく書くことをおろそかにしているようです。各文字の大きさや位置を確認しながら、正確に書く習慣をつけていきましょう。【1】

●基本となる文の理解がやや不十分です。そのため、基本文等の口頭練習や文を書くことにおいて困難な様子も見受けられます。文の語順を意識してポイントを押さえ、くり返し音読練習や書く練習を行っていくとよいでしょう。【1】【2】【3】

●基本文の意味や形式についてはおおむね理解できているようですが、それを口頭で使うことには苦手意識があるようです。くり返し口頭練習をして、スラスラ言えるようにしておくと、自分で表現できるようになります。【1】【2】【3】

●教科書の本文を音読できるようにしていきましょう。各文の意味などを確認した上で、暗唱できるくらいまで何度もくり返し音読練習をしていくとよいですよ。頑張りましょう。【1】【2】

●基本文の意味や構造で、やや混乱している様子が見受けられます。意味や形式などで関係のある文法項目との共通すること、異なることを押さえながら理解していってください。【3】

●単語や連語を覚えるのに苦手意識があるようです。基本文で使用するような動詞などは確実に覚えて、使えるようにしていきましょう。それ以外の教科書本文に出てくる語などは、まず意味が分かるようにして、くり返し使用していくことで慣れていきましょう。【2】【3】

2 思考・判断・表現

〈A評価の例〉

●与えられたトピックについて、メモを効果的に活用しながら、内容豊かに即興的に会話を続けることができています。【1】【2】【3】

●与えられたテーマについて、既習の表現や語句を適切に用いて即興で話し、内容を的確に伝えることができています。また、相手に伝わりやすいように、伝え方の工夫も見られます。【1】【2】【3】

●与えられたテーマについて、これまで学習した表現や語句を正しく用いて、まとまりのある文章を書き、内容を伝えることができています。【1】【2】【3】

●まとまりのあるアナウンスを聞いて、自分の置かれた状況や目的などから判断して、必要な情報を的確に把握することができています。【2】【3】

●ニュースなど社会的な話題についての文章を読み、書き手が最も伝えたいことなどの要点を捉えることができています。【2】【3】

●一定時間の中で伝えようとする内容を整理し、構成や表現を工夫するなど聞き手を意識しながら適切に伝えたり、相手からの質問にも的確に答えたりすることができています。【2】【3】

●東京への旅行記づくりでは、自分の感想や印象的だったことについて、読み手を意識し原稿の作成や推敲などを丁寧に行い、説得力のある旅行記を書くことができました。【2】【3】

●ニュースなど社会的な話題についての文章を読み、複数の情報の関係性など文章全体の構成を押さえ、要点を捉えることができています。【3】

●ニュースなど聞いたり読んだりしたことについて、自分の意見や感想、その理由などを適切に伝えることができています。また、友達の意見を聞き、それに対する意見なども伝え、議論を深められています。【3】

●教科書で扱った環境問題について、発表用のメモを何度も校正したり構成の仕方を改善したりして準備を進め、説得力のある発表ができていました。また、自ら他の参考資料にも目を通し、情報を加えていた点も立派です。【3】

●教科書で扱った平和問題について、社会科で学習したことなど他の情報もまじえ、自分の考えや意見を、その根拠も明確に示しながら説得力のある文章が書けていました。【3】

〈B評価の例〉

●与えられたトピックについて、ヒントとなるメモを見ながら即興的に会話を続けることができています。相手にコメントや質問などができると、さらに会話の内容が豊かになっていくでしょう。【1】

●与えられたテーマについて、既習の表現や語句を用いて即興で話し、その内容を伝えることができています。他の人の良いところを参考にし、さらに効果的に伝えられるようにしていきましょう。【1】【2】【3】

●与えられたテーマについて、これまで学習した表現や語句を用いて文章を書き、その内容を伝えることができています。語順を意識していくとさらに良いでしょう。【1】【2】

●まとまりのあるアナウンスなどを聞き、自分が必要な情報を聞き取ることができています。【2】【3】

●物語文などまとまりの話を聞いて（読んで）、そのあらすじが捉えられるようになってきています。細かいところにこだわるのではなく、登場人物の行動や心情に着目して全体のあらすじをつかむようにしていくとさらに良いでしょう。【2】【3】

●英語での電子メールなどを読み、必要な情報を把握することができています。今後は、自分の状況や目的に応じて判断して必要な情報を絞り込めると、さらに良いでしょう【2】【3】

●東京への旅行記づくりでは、自分の感想や印象的だったことなどについて、まとまりのある文章を書き、内容を伝えることができていました。【2】【3】

●ニュースなど社会的な話題についての文章を聞き（読み）、そのおおまかな要点を捉えることができています。その中から、話し手（書き手）が最も伝えたいことがつかめるようになると、さらに効果的な理解ができるようになっていきます。【2】【3】

●自分の伝えようとする内容を整理し、それを活用しながら既習の語句や文を用いて英語で伝えたり、相手からの質問に答えたりすることができています。聞き手を意識し、より分かりやすい伝え方を考えていくと、さらに良いでしょう。【2】【3】

●ニュースなど聞いたり読んだりしたことについて、自分の考えや感想などを伝えることができています。その理由なども加え、分かりやすい構成となるように考えていくと、さらに説得力のある説明になっていきます。【2】【3】

●教科書で扱った環境問題について、メモを作って意見や感想などをまとめ、それを用いて発表することができていました。説得力のある意見となるよう、構成の仕方や表現の仕方を検討していけると、さらに良いでしょう。【3】

●教科書で扱った平和問題について、自分の意見や考えについて、まとまりのある文章が書けていました。社会科などで学習した内容など、他の視点からの情報が加わっていくと、さらに説得力のある文章になっていきます。【3】

〈C評価の例〉

●基本文等は理解していますが、会話をしたり、スピーチをしたりする中で活用することには苦手意識があるようです。何度も口頭練習することで、自分で使えるようになっていきます。また、教科書本文の音読もやっていくとよいでしょう。【1】【2】【3】

●与えられたテーマについて表現する活動で、同じような事実を伝える文が続くことが多くありました。聞き手の立場に立って、どのような組み立てで表現していくと、興味深い文章になるか考え、作成していきましょう。【1】【2】【3】

●即興的に話したり対話したりする活動では、なかなか発話できない様子も見られます。即興的な活動で最も大事なのは、発話を継続することです。多少間違いがあってもよいので、発話していくことを心がけましょう。【1】【2】【3】

●必要な情報を読み取る活動において、細部にこだわるあまり、必要な情報を効率よく得られない様子が見受けられます。状況や目的に応じて、何が分かればいいかを明確にし、効率的に読む習慣をつけていきましょう。【2】【3】

3　主体的に学習に取り組む態度

〈A評価の例〉

●コミュニケーションの場面や目的をよく理解し、それらを適切に踏まえて積極的に相手との交流を大切にして、互いの情報や感想などを伝え合おうとしています。【1】【2】

【3】

●ペアワークでは相手を尊重し、聞き手、話し手としてとても配慮しながら、コミュニケーションを図っている様子はすばらしいです。【1】【2】【3】

●英語の特徴や日本とは異なる海外の生活習慣や文化に興味をもち、尊重しようとしている様子が見られ、感心しています。ぜひ、この姿勢を大切にしていってください。【1】【2】【3】

●まとまりのある英文を聞き（読み）ながら、必要な情報を適切に聞き取ろうとしています。また、聞き逃してしまった際に、そのことについて再度説明を求めるなどの姿も見られました。【2】【3】

●聞き手を意識しながら、話すスピードを調節したり、アイコンタクトを取ったりしながら話そうとしています。【2】【3】

●聞いたり読んだりした内容について、既習の表現や語彙を駆使して、相手に配慮しながら話そうとしています。また、自分が話した内容について、相手の理解を確認する行動も見られました。【3】

●教科書で扱った平和問題について自分の考えを発表する活動では、より説得力をもたせるために、自らのメモを再三見直し構成や表現を考え直したり、友達と助言し合ったりするなどしていました。【3】

●英語の学習に対して非常に関心が高く、自主学習ノートには家庭においてアニメなどの洋画や洋楽から学んでいる様子もうかがえます。これらは学校で学んだ英語を使って、理解していくことにつながります。今後もこの取組を続けていってください。【3】

●英和辞典や和英辞典をよく活用しています。そして、意味の分からない語に対し、類推した上で調べるなど、辞書の使い方も身に付いてきています。これからも続けていきましょう。【2】【3】

〈B評価の例〉

●様々なペアワークにおいて、間違うことを恐れずに話しています。【1】【2】【3】

●与えられたテーマについて、これまで学習した表現や語彙を使いながら内容を伝えようとしています。【1】【2】【3】

●まとまりのある英文を聞き（読み）ながら、必要な情報を聞き（読み）取ろうとしています。【2】【3】

●まとまりのある英文を、登場人物の心情等を理解しながら読もうとしています。【2】【3】

●読み手を意識し、まとまりのある文章を書こうとしています。【2】【3】

●聞いたり読んだりした内容について、既習の表現や語彙を活用して、話そうとしています。【3】

〈C評価の例〉

●様々なペアワークでは、間違うことを恐れているためか、やや消極的な様子が見受けられます。英語の学習では何度も間違えることをくり返し、少しずつ身に付けていくことが大切です。ぜひ、間違うことを恐れず、積極的に取り組んでいきましょう。【1】【2】【3】

●スピーチ活動の作成や準備において、決められた時間内にやりきれないことが何度かありました。分からないことは友達や先生に尋ねたり、途中段階に聞いてもらい、アドバイスしてもらったりして、発表できるようにしていくことが大切です。【1】【2】【3】

4 "学びを変える" ためのアセスメント

　まず押さえておきたいことは、評価は目標の裏返しであり、これらは対応関係にあるということである。そのため、私たち教師が生徒を評価することの前提には、外国語（英語）科の学びを通して、中・長期的な視点で生徒にどのような力（資質・能力）を身に付けさせたいのかが明確になっている必要がある。外国語（英語）科では、国際的な基準であるCEFRを参考に、「聞くこと」「読むこと」「話すこと［やり取り］」「話すこと［発表］」「書くこと」の4技能5領域で目標を設定している。また、今回の改訂で評価の観点がこれまでと大きく変更され、観点は「知識・技能」「思考・判断・表現」「主体的に学習に取り組む態度」の三つとなった。その中で、特に「思考力・判断力・表現力等」として育成を求められている力は「具体的な課題等を設定し、コミュニケーションを行う目的や場面、状況などに応じて、情報を整理しながら考えなどを形成し、これらを論理的に表現することを通して、次の事項を身に付けることができるよう指導する」と今回の学習指導要領で述べられていることから、英語の使用場面を想定しながら、実現させたい生徒の姿を具体的にイメージしていくことが大切であり、それによって初めて適切な評価が可能となる。

　さらに、中学校3年間のカリキュラムを作っていく際には、各学年末までに生徒に育成したい英語の力を、特定の場面や状況での生徒の具体的な姿、そして、その具体的な評価方法として明確にし、それぞれの姿を導き出すために必要な手順や指導内容・方法を、言語材料、コミュニケーション方略、学び方など具体的に明らかにしていく必要がある。

　自校で設定した目標に準拠した観点別学習状況評価を行う際には、「英語を用いて何ができるようになるか」という観点から単元全体を見通し、単元目標と年間の到達目標とが有機的につながるよう、具体的な活動場面を設定し、その上で単元・年間を通して「聞くこと」「話すこと（やり取り・発表）」「読むこと」「書くこと」について、全ての観点から総合的に評価していくことが大切である。

　そして、その評価方法については、ペーパーテストだけではなく、スピーチ、インタ

ビュー、エッセイ等のパフォーマンス評価や活動の観察等、多様な評価方法から、生徒の学習状況を的確に評価できる方法を選んで評価していくことが必要である。

　実際に評価していく際にも、今回の学習指導要領改訂の趣旨を正しく理解し、適切に評価していくことが「英語嫌い」を作らないために大切である。例えば、「話すこと（やり取り・発表）」で「即興で」行う活動の際には、言語的な正確さよりも、やり取りや発表がどれだけ継続できるかという視点から評価することが必要で、段階を追って正確さを追っていくようにすべきである。また、今回の改訂で大幅に増える語彙については、解説にあるように「受容語彙」と「発信語彙」の指導者側の区別が必要である。教科書で扱われる語彙は全て最初から発信できなくてはならないわけではない。いわゆる基礎的な語彙は「発信語彙」にしていかなければならないが、それ以外については、まず「受容語彙」として提示し、その一部が段階を経て「発信語彙」として習得とされ使えるようになればよいわけである。

　また、指導を行っていく際には、単元や活動の導入時に、生徒に目指すゴールの姿（ルーブリックも含め）を具体的に提示していくことで、どのようなステップで学習を進めたらよいかを生徒自身が意識し、学習の見通しをもてるようにしていくことが大切である。さらに、活動（学習）後には、これまでの自らの学習をふり返らせ、分かったり、できるようになったという満足感や、考えをめぐらせ判断したり、表現し合ったことの充実感、そして、思うようにいかなかったことや今後の課題を自覚させていくことが重要であり、これら「見通し」と「ふり返り」をさせていくことが主体的な学習者の育成につながっていくとともに、一人一人の生徒の学びの質を高めていくこととなる。さらに、実際の指導の中で、生徒個々のパフォーマンスの状況を把握し、必要に応じて、できているところや改善を要するところを具体的に提示してあげ、生徒に現状を認識させ、一人一人が自らの目標に向けて努力し、着実に伸びていくための道筋を示していくことが求められる。

　このように、今回の学習指導要領の改訂では「言語を用いて何ができるか」という観点から評価がなされることが期待されているが、その前提として、指導者側の更なる意識改革と指導改善が求められているのである。

●参考文献
文部科学省『中学校学習指導要領（平成29年告示）解説 外国語編』開隆堂出版、2018年
菅正隆編著『平成29年改訂 中学校教育課程実践講座 外国語』ぎょうせい、2017年
西岡加名恵・石井英真『教科の「深い学び」を実現するパフォーマンス評価』日本標準、2019年

特別の教科　道徳

1　一面的な見方から多面的・多角的な見方へと発展しているか

〈見取る視点〉

・道徳的価値に関する問題に対する判断の根拠やそのときの心情を様々な視点から捉え考えようとしている。

・自分とは違う立場や感じ方、考え方を理解しようとしている。

・複数の道徳的価値の対立が生じる場面において取り得る行動を広い視野から多面的・多角的に考えようとしている。

●ワークシートには、友だちの意見を聞くことで自分の考えを深めた記述が徐々に増えています。

（例えば、「元さんと二通の手紙」の授業では、「初めは、元さんは悪くないと思っていたが、動物園の規則にはお客さんの幸せや命を守る意味があるという意見を聞いて、規則の意義について深く考えられた」などと書いていました。）

●いつも友だちの意見をうなずきながら聴き、考えを深めている姿が見られます。

（例えば、「町内会デビュー」の授業では、「町内会の作業をやり切れたことが自信になった。」という友達の意見を受け、「自分で決めたことをやり切った時に感じる誇りが、次の挑戦につながる。」とさらに深めた自分の考えを書いていました。）

（例えば、「誰かのために」の授業では、母の深い愛情を感じると同時に、母から受け取った大切なことを考える中で、生命の尊さについて、有限性、連続性などの面からも考えを深めた意見を記述していました。）

●真剣に教材と向き合い、自分の考えを深める姿が見られます。

（例えば、「二人の弟子」では、智行、道信、上人それぞれの立場に立って考えることで、智行と道信それぞれに見られる人間としての弱さと強さに気づき、そこに自分を照らし合わせた考えを述べていました。）

② 道徳的価値の理解を自分自身との関わりの中で深めているか

〈見取る視点〉

・読み物教材の登場人物を自分に置き換えて考え、自分なりに具体的にイメージして理解しようとしている。

・現在の自分自身を振り返り、自らの行動や考えを見直している。

・道徳的な問題に対して、自己の取り得る行動を他者と議論する中で、道徳的価値の理解を更に深めている。

・道徳的価値を実現することの難しさを自分のこととして捉え、考えようとしている。

●教材の登場人物の行動に共感し、自分の経験や思いを語ってくれることで、級友の考えがより深まることが増えました。

（特に、「一冊のノート」の授業では、自分の家族への思いを切々と語り、学級が温かい雰囲気になりました。）

●ワークシートには、教材を読んで感じたことに加え、自分の生き方と重ねた考えを詳しく記述することが多くなりました。

（例えば、「言葉の向こうに」の教材では、自分とは異なる他人の意見を受け入れることの難しさについて、自身の経験を交えて記述し、今後の生き方についても考えていました。）

●ワークシートには、自分の経験を交えて考えを記述することが多くなりました。

（特に、「背番号10」の教材では、この２年間の部活動での経験から主人公に共感すると同時に、周囲で支えてくれている人の思いに気づくなど、多角的に考えた記述がありました。）

●これまでに学習したことと関連付けて考えた意見を発表し、級友の考えが深まることがありました。

（「仏の銀蔵」の授業では、「１年生で学習した「闇の中の炎」の主人公が言っていた「自分がダメだと思ったらダメなんだ」と少し似ている」と発言し、全員で自分の内にある規範意識について考えるきっかけになりました。）

（例えば、緒方洪庵の生き方を扱った「絶やしてはならない」の授業では、社会科での学習を思い出し、新しい時代を切り拓いた多くの人物が適塾で学んだことに触れる発言をしました。そのことで、自分の命を懸けて人々のかけがえのない命を救いたいと願った洪庵の生き方に対する感動が一層深まりました。）

3　"学びを変える" ためのアセスメント

①　他教科との違いを確認する

　道徳科における評価については、「道徳的諸価値についての理解を基に、自己を見つめ、物事を広い視野から多面的・多角的に考え、人間としての生き方についての考えを深める」という目標に掲げられている学習活動における生徒の具体的な取組状況を評価することとされている。その際、次の点に留意しなければならない。

・個々の内容項目ごとの評価ではなく、大くくりなまとまりを踏まえた評価とすること
・他の生徒との比較による評価ではなく、生徒がいかに成長したかを積極的に受け止め、励ます個人内評価として記述式で行うこと

　道徳科は、道徳教育の目標に基づき、各教科、総合的な学習の時間及び特別活動における道徳教育と密接な関連を図りながら、計画的、発展的な指導によって道徳性を養うことがねらいである。しかし、道徳性とは、人間としてよりよく生きようとする人格的特性であり、道徳的判断力、道徳的心情、道徳的実践意欲と態度を諸様相とする内面的資質であり、このような道徳性が養われたか否かは容易に判断できるものではない。したがって、道徳科における評価は、生徒の道徳性について評価するものではなく、あくまでも、学習活動に着目して生徒一人一人の取組状況について評価するということを確実に押さえる必要がある。また、道徳性の諸様相である「道徳的判断力、心情、実践意欲と態度」は、それぞれをはっきりと分けて捉えることもできないため、それぞれを他の教科で行うような観点別評価の観点とすることも妥当ではない。

　以上のことを踏まえると、道徳科における評価は、他の教科で行う評価とは大きく異なるということを意識しなければならない。

　では、道徳科の学習状況の評価について、どのような点を見取るのか。その視点（観点ではない）は２点である。「一面的な見方から多面的・多角的な見方へと発展しているか」という点と「道徳的価値の理解を自分自身とのかかわりの中で深めているか」という２点である。これらの視点で生徒の学習状況を見取るためには、当然このような学習を意図的・計画的に授業の指導計画に盛り込む必要がある。

②　授業改善のポイント：発問や学習形態を工夫する

　一つ目の視点「一面的な見方から多面的・多角的な見方へと発展させているか」に関わる工夫としては、発問の工夫と学習形態の工夫が考えられる。発問の工夫では、例えば、主人公だけでなく、主人公以外の重要な登場人物の視点から考えるような発問を設定する。様々な立場に立って考えることで、主人公の見方だけでなく、様々な立場での見方・考え方ができるであろう。学習形態の工夫としては、どの教科でも重視される学習形態として、対話的な学習がある。道徳科の学習においても、ペアトークやグループトーク、学

級全体での話し合い等を設定することで、自分とは異なる見方・考え方に出会うことができる。

　二つ目の「道徳的価値の理解を自分自身との関わりの中で深めているか」について、見取る視点を確認すると、ポイントは「自分自身との関わり」である。ねらいに含まれる道徳的価値について、生徒が自分自身の生き方の問題として捉え、主体的に学習に取り組む工夫が肝要になる。そのための手だてとして、「自分ならどうするか」という発問で自分事として考えさせようとすることがある。ところが、この発問には、いくつかの短所があるので要注意である。中学生という発達段階は、なかなか自分の本音を語ることが難しい時期である。教材の中での話、登場人物の考えだから本音が出せるということが多い。ダイレクトに「自分なら」と問われると、表面上の「これが正解だろう」ということや、本音とはほど遠い発言をしてしまうことがある。しかし、授業の主題について、自分に引き寄せて考えさせる効果も少なくはない。そこで、このような問いは、授業の導入段階ですることで、本時の学習に興味を持ち、主体的に学習に取り組むきっかけにできる。さらにもう一点、気を付けるべき点がある。この問いは「行為」を考えさせている。道徳科の目標は道徳性という内面的資質を育成することである。そこで、「なぜそのような判断をするのか」「どのように感じたのか」「どんな思いから、そうしようと考えるのか」など、行為を支えている内面的資質（「道徳的判断力、心情、実践意欲と態度」）を考えられる発問を加える必要がある。

　また、授業の主題について、生徒が自分自身の問題として捉え、主体的に考えるためには、分かり切ったことを確認するような問いではなく、生徒の予想を超えて深く考えなければならないような発問の工夫が求められる。教材を読んだだけで理解した内容や感想を発表したり書いたりすることで終わらず、教師の発問や友達との対話により、新たな学びや気づきが得られるような学習が必要だと考える。生徒が深く考える発問や生徒同士の対話をコーディネートするには、やはり、深い教材研究が欠かせない。教材そのものを深く読み込み、同時に、主題として掲げる道徳的価値について深く理解し、「今日はこの道徳的価値に関わる生き方について、この教材でこのレベルのことを生徒と考えたい」という授業のねらいを明確に持つことである。そして、道徳的価値に関わる自分の人間としての生き方について深く考えられるような問いを準備しておきたい。また、教師の深い教材研究は、生徒の発言を生かしながら、さらに思考を深めていく対話へとコーディネートできる力につながる。

③　深い学びへ導くための授業準備

　前述した授業改善のポイントは、道徳科における「主体的・対話的で、深い学び」の実現と言い換えることができる。深い学びへ導くために欠かせないもう一つのポイントが的確な生徒の実態把握と目標設定である。そのために、『学習指導要領解説　特別の教

科　道徳編』の「内容項目の指導の観点」を熟読することが必須である。それも、中学校版だけでなく、小学校版もあわせて読むことで、生徒の道徳性にかかる発達段階を把握でき、適切な目標を定めることができる。中学校の授業で、生徒が「面白くない、分かり切ったことを確認しているだけ」と感じている授業は、ねらいや発問が小学校レベルになっていることがある。中学校レベルのねらいを設定しないと生徒にとっては退屈な授業になってしまう。さらに、内容項目についての理解を深めるために有効な教材が、文部科学省が作成・配布していた「私たちの道徳」と「心のノート」である。これらは、生徒が内容項目について理解できるように、分かりやすいメッセージやイラスト等で解説されている。具体的なイメージで理解しにくい内容項目と道徳的価値について、教師も理解しやすいのでお薦めの資料である。

　最後に、道徳科の内容は「教師と生徒が人間としてのよりよい生き方を求め、共に考え、共に語り合い、その実行に努めるための共通の課題」である。授業では、この姿勢で教師も生徒と共に人間としての自己の生き方を深く考える時間にしたいものである。その姿勢が、自然と生徒の素晴らしさに気づき、認め励ます評価につながると考える。

●参考文献
文部科学省『中学校学習指導要領（平成29年告示）解説　特別の教科 道徳編』教育出版、2018年

総合的な学習の時間

●評価の観点及びその趣旨（指導要録）

観点	知識・技能	思考・判断・表現	主体的に学習に取り組む態度
趣旨	探究的な学習の過程において、課題の解決に必要な知識や技能を身に付け、課題に関わる概念を形成し、探究的な学習のよさを理解している。	実社会や実生活の中から問いを見いだし、自分で課題を立て、情報を集め、整理・分析して、まとめ・表現している。	探究的な学習に主体的・協働的に取り組もうとしているとともに、互いのよさを生かしながら、積極的に社会に参画しようとしている。

1 知識・技能

〈A評価の例〉

●国際理解に関する学習を通して、日本と世界の国々との交流の現状を理解してその重要性を知ることができています。そこから更に現在の国際交流協会の活動への理解に結びついています。

●国際理解に関する学習を通して、持続可能な社会の実現に向けて、自分達ができる環境改善への行動を提案することができています。

●情報に関する学習を通して、ＩＣＴの技術革新の可能性に着目して、より生活が便利になることが普段の生活に与える影響を考察しています。

●マイクロプラステックの生態系に与える影響に着目して学習を進め、普段の生活における改善のための提案を発表することができています。

●高齢者問題に関する学習を通して、よりよい福祉のあり方に言及することができています。

●地域をテーマにした総合的な学習を通して、町づくりや地域活性化のための取り組みを理解して更に充実発展させるための提案につなげることができています。

●地域の伝統文化の学習を通して、歴史的な取り組みの変遷について理解して現実の課題についての提案をするまでになっています。

●防災をテーマにした総合的な学習を通して校区の町づくりの特徴に気づき安全な町づくりに対する取り組みを理解しています。

●職業体験学習を通して、職業の選択と社会への貢献について探究的な学習に取り組みま

した。自分達の成長と地域社会の発展に着目したレポートをまとめています。

〈B評価の例〉

●国際理解について意欲的に学習を進めることができています。地域の課題や自身の進路に目を向けようとしていることが頼もしいです。

●情報に関する学習を通して情報化の進展とそれに伴う日常生活や消費行動の変化を理解しています。

●世界的な環境保全の取り組みを知ることができています。思考に広がりが見られるようになりました。レポートから学習の成果が上がっていることがうかがえます。

●総合的な学習を通して、これまで学んできた理科など教科での既習事項との関連に気づきレポートにすることができています。

●道徳の時間で学習した資料等も使い、広い視野で学習を進めることができています。レポートを読むと他教科との関連性を見つけて重層的な学習に発展していることがよくわかります。

●地域を題材にした総合的な学習を通して、町づくりや地域活性化のため様々な取り組みがあることを知ることができています。更に住みやすい町づくりに向けて自分達に何ができるか学習を進めてください。

●防災をテーマにした学習を通して大規模災害に対する様々な取り組みをまとめることができています。

●職場体験学習を通して働くことの意味や働く人の夢や願いを取材して個人新聞にまとめることができています。

●総合的な学習の時間を通して、身の回りの人たちの思いを知り、理解するための上手なコミュニケーションの方法を知ることができています。

●職業をテーマにした学習を通して社会情勢と仕事の関係性、企業が求める人材の条件、働きがいについての理解をすることができています。

●福祉に関しての学習を通して、良好なコミュニケーション力とは何かを理解することができています。

●地域の防災減災に関する理解を深め、地域社会での中での中学生の役割に気づくことができています。

●外国の人達との積極的な交流を重ねることで積極的に他の人と関わる力を身に付けています。

●総合的な学習と関連して社会科で学んだ環境問題を積極的に取り上げながら計画的に幅広く学習を進めています。

〈C評価の例〉

●環境問題が自分自身の生活に大いに関連があることに気づき、更に発展的な学習に取り

組もうとしています。

●世界の国々の人権問題を学習してその時点で深く学ぶことができています。人権問題は身近な現実生活の中にもあることを忘れずにこれからの学校生活を送ってください。

●食事の楽しさを学習してユニークなレポートを作成しました。その成果を生かして学校の給食について考えて、身近な食生活の改善を進めていきましょう。

●総合的な学習を通して、これまで学んできた理科など教科での既習事項との関連に気づいています。更に継続的な学習への取り組みを期待しています。

●道徳の時間で学習した資料等も使い、広い視野で学習を進めることができています。

●環境問題に対する学習を通して地球規模の環境保全の知識を深めることができています。身近なところにある問題にも関心を深め、実践を続けていきましょう。

●福祉に関しての学習を通して、良好なコミュニケーション力を身に付けようとしています。普段の生活に役立てていきましょう。

2 思考・判断・表現

〈A評価の例〉

●高齢者施設を訪問した際に、真心からの献身的な態度を示すことができています。リーダーシップがあり、級友に対して模範的な姿を示すことができています。

●情報に関する学習を通して、正しく情報を伝えるという点に関心を持ち、数社の新聞報道を比較して、情報を伝達することの難しさを問題提起することができています。

●学習成果の発表会において自分の調べたことを明解に発表しています。作成したパネルの内容について級友からの高い評価を受けています。

●自分達で総合的な学習の活動計画を的確に立て、それに沿って活動を積み上げ、発表を含めて具体的でユニークな成果を収めています。

●学校の図書室だけではなく公立の図書館や関係機関に積極的に出向いて関連資料を収集するなど、素晴らしい実践力を発揮しています。

●参考図書を活用したり、関係者への取材を行ったりして自分の考えをしっかりと構築し、学習が大いに深まっています。

●調べたことをグループ内で寸劇にして、わかりやすく伝え、脚本作成や演技指導においてリーダー的な役割を果たしています。

●学習発表の場に豊かな発想を示して、体験した施設の方を招待するなど、様々なアイディアを発案しています。

〈B評価の例〉

●社会科で学んだ環境問題を積極的に取り上げながら計画的に幅広く学習を進めていまし

た。対立する二つの考えを対比して新たな視点を見つけることができています。

●福祉に関して課題を見出し、図書館やインターネットを利用して資料を収集するなど、興味・関心を持って積極的に取り組んでいます。

●施設への訪問や見学に際しては、相手方の意向を尊重しながら適切にアポイントを取るなど随所に相手を意識した行動が見られています。

●学習のテーマに即した地域の行事に積極的に参加するなど意欲的に行動ができています。

●多くの資料を収集しました。それらを的確に分類したりまとめたりして納得性のある発表用の資料を作成しています。

●総合的な学習を通して、課題を設定し、情報を収集し、整理・分析を行いまとめることができています。

●福祉をテーマにした学習を通して、障害を持っている人の体験を聞き、グループで感じたことを共有し、プレゼンにまとめて発表することができています。

●職場体験に向けての事前調査と実体験を通した取り組みにより、他者との体験の交流を通して自分の考えをレポートして残すことができています。

●映像・画像、数的データ、アンケート、資料、聞き取りと複数の学習資料を収集することができています。自身の考えをまとめ、複数の異なる考え方や意見の比較と関連付けなどをしています。

〈C評価の例〉

●学習を通して施設や地域の方々との交流を広めています。このような出会いを今後も大切にしていきましょう。

●インターネットを活用して効果的に学習を進めることができています。更に幅広く文献資料を活用するなど様々な角度から学習を深めていきましょう。

●グループ内で分担して新聞記事を徹底して収集し、テーマに迫っています。更に分類や分析を深めながら活動に取り組んでください。

●発表会に向けた取り組みを通して、計画性をもって取り組みを進める大切さを学んでいます。ユニークな題材をテーマにしていますので自信を持って学習を継続してください。

●プレゼンテーション能力を生かして、学習した内容を的確に伝えています。自分の力に自信を持ちこれからも頑張ってください。

●発表会に際しては積極的に質問するなど真剣に学ぼうとする姿をみせています。

●訪問した施設のスタッフの方々にインタビューするなど積極的な関わりの姿を見ることができています。

3 主体的に学習に取り組む態度

〈A評価の例〉

●学年全体に影響力を持ち、総合的な学習の取り組みを通して各学級のリーダーと連携しながら取り組みを進めています。

●環境に関する学習を通して、自分の生活の中での資源の無駄遣いを無くそうと努力しています。日常生活の中でそれを伝える行動力が素晴らしかったです。

●高齢者問題に関する学習を通して、地域の施設でのボランティア活動を行い、現在も継続して取り組んでいます。

●国際理解に関する学習を通して、日本と世界の国々との交流の重要性を自覚し、自分から国際交流協会に出向いてボランティア活動に取り組んでいます。

●常に熱心に活動して、班のまとめ役としてリーダーシップを発揮して、総合的な学習の時間を充実したものにしています。

●普段の学校生活や社会における様々な動向と総合的な学習の内容を結びつけるなど、意欲的に興味・関心を示しています。

●体験活動や実地の学習については特に積極的に取り組んでおり、常に最善を尽くしている姿を見せています。

●防災をテーマにした総合的な学習を通して安全な町づくりに対する取り組みを理解して、高齢者宅へのメッセージカードを送る運動を推進しています。

〈B評価の例〉

●総合的な学習を通して、課題の追究により積極性が身に付き、自身の学校生活に良い影響が見られるようになっています。

●総合的な学習で学んだ内容と日常生活の関係を考え、学習した成果を様々な場面で生かす工夫をしています。

●総合的な学習を通して、自他の考え方を学級内で交流しながら協働的に学ぶことができています。

●総合的な学習を通して、地域の一員としての自覚を持ち、主体的に取り組むことができています。

●総合的な学習を通して、主体的に体験活動に取り組み学んだことをこれからの自身の生き方に生かすことができています。

●総合的な学習の取り組みを振り返り、学びの過程や発表方法を自己評価し、他教科の学習に反映しています。

〈C評価の例〉

●総合的な学習の時間は、いつもまじめに取り組んでいます。身に付けた自分の力を発揮

して学習活動を継続していきましょう。

●落ち着いてまじめに総合的な学習に取り組んでいます。自分の考えや意見を積極的に述べるなど主体的な行動に取り組んでいきましょう。

●グループの中で自主的に活動することの難しさに気づいています。身近な課題に目を向けて、地道な実践を継続しましょう。

●発表会グループの一員として頑張っています。特に仲間に声を掛けてチームで動いていこうとする姿が見受けられます。

●地域をテーマにした総合的な学習を通してグループのレポート作成に協力することができています。身近な課題に目を向けて学習を継続していきましょう。

❹ "学びを変える" ためのアセスメント

　総合的な学習の時間の大きな目標は「固有な見方・考え方を働かせて、横断的・総合的な学習を行うことを通して、よりよく課題を解決し、自己の生き方を考えていくための資質・能力を育成する」である。

　そのことを念頭に効果的に総合的な学習を進めるためには、テーマが明確であることが重要な条件であると考える。また、そのテーマが生徒にとって必要性や魅力があり学習を進めるための意欲を喚起するものであればあるほど学習の成功体験に結びつくことはいうまでもない。前提としてそのテーマを決めた根拠が明確であるかどうか、また、その学習を進めることでどういった成果を期待しているのか、「ＷＨＹ（なぜ）」という発想で共通理解することが必要である。また、生徒に対しても設定理由を明快に説明することができれば学習の進行はスムーズである。前例踏襲的なテーマになってしまいがちであるが、「ＷＨＹ」の発想でテーマについて認識を新たにして取組を進めたいし、場合によって変更するなどして清新な気持ちで学習に臨みたい。

　学期を通して若しくは年間を通して進めていく学習ではあるが、当然重点的に取り組む期間が明確になってくる。特に、体験や実地の調査等を伴う課題については時間の制約を受ける。教師だけが学習計画を立てるのではなく、生徒がゴールイメージをしっかり持って学習計画を立てることが必要である。ゴールイメージがはっきりしていれば評価に対しても担当する教師の負担は軽減されることが考えられるし、生徒や保護者からの評価に対する信頼度も上がる。

　また、学習期間が長くなればなるほど、その時点での進捗状況やこれからの見通しについての確認が必要となってくる。それを学習集団の中で相互にやっていくのが理想であるが、担当教師が積極的に個人やグループに対して確認や指導することが有効である。また、その学習の過程についての記録（メモ程度）を残しておくことが、最終の評価文案を

作成する上での資料になる。担任だけに任せずに指導する学年の教師集団においても学習過程の見取りについて相互に情報交換することも有効である。

　今回の学習指導要領改訂で総合的な学習の観点も他の教科と同じように3観点に揃えられた。そのことを踏まえて、評価文例も観点別に示した。第1の観点としては、探究的な学習の過程において、課題の解決に必要な知識及び技能を身に付け、課題に関わる概念を形成し、探究的な学習のよさを理解することに重点を置いた。第2の観点としては、実社会や実生活の中から問いを見いだし、自分で課題を立て、情報を集め、整理・分析して、まとめ・表現することに触れた。第3の観点として、探究的な学習に主体的・協働的に取り組むとともに、互いのよさを生かしながら、積極的に社会に参画しようとする態度に関わる記述にした。ただし、当然観点が明確に分かれているわけではなく相互に影響していることは当然である。

　これからの社会において総合的な学習による探究的な学びはその重要度を増していくばかりである。その学びには教科横断的学びも含まれるし、教科を越えた知識が要求されることもあろう。また、思考力・判断力・表現力については思考ツールなどを使った新しい分析力など学びの形も新たにしなければならない。それに伴い、ゴールイメージの変更や発展といった柔軟な評価規準の設定も必要となる。情報のアンテナを高くして指導する側の教員の学びのバージョンアップにも努めていかなければならない。

特別活動の記録

●評価の観点及びその趣旨（指導要録）

観点	知識・技能	思考・判断・表現	主体的に学習に取り組む態度
趣旨	多様な他者と協働する様々な集団活動の意義や、活動を行う上で必要となることについて理解している。 自己の生活の充実・向上や自己実現に必要となる情報及び方法を理解している。 よりよい生活を構築するための話合い活動の進め方、合意形成の図り方などの技能を身に付けている。	所属する様々な集団や自己の生活の充実・向上のため、問題を発見し、解決方法を話し合い、合意形成を図ったり、意思決定をしたりして実践している。	生活や社会、人間関係をよりよく構築するために、自主的に自己の役割や責任を果たし、多様な他者と協働して実践しようとしている。 主体的に人間としての生き方について考えを深め、自己実現を図ろうとしている。

1 知識・技能

〈人間関係形成の視点〉

●自分と気の合った仲間との交流だけでなく、活動の目的を理解し、学級内のだれとでも分け隔てなく関わることができます。【学級活動】

●話し合いの場面では、様々な考えがあることを理解し、他者の意見を尊重して受け止める姿勢を大切にしながら、自分の考えについてきちんと発言することができます。【学級活動】

●学校生活の向上や改善のために生徒会活動が存在することをよく理解しており、学級・学年を超えて上級生や下級生と積極的に討論し、協力し合うことができます。【生徒会活動】

●生徒会の各委員会からの活動提案にあたたかく耳を傾け、自分たちの代表として努力している委員の労を分かりながら、惜しまず支援し、協力することができます。【生徒会活動】

●行事の取組では、みんなで話し合って決めた目標とルールをしっかり守り、協調性を重んじながら、周囲と協力して取組を進めることができます。【学校行事】

●行事における達成目標と役割分担の大切さをよく理解し、活動中はその目標を見失うこ

となく、自らの役割を誠実に、着実に遂行することができます。【学校行事】

〈社会参画の視点〉

●学級に生じた生活上、人間関係上の様々な問題について、決して無関心になることなく、自分の身近な問題として捉えることができます。【学級活動】

●不安定な人間関係がいじめにつながっていくことをよく理解しており、日常生活では常に公正で、公平な人間関係を心掛けながら仲間と接することができます。【学級活動】

●各委員会からの学校生活向上の提案に対して、自分自身の生活につなげながら関心を持って耳を傾け、活動に率先して取り組むことができます。【生徒会活動】

●生徒会主催のクリーン作戦やあいさつ運動など、ボランティア活動の意義をよく理解し、自ら進んで参加することができます。【生徒会活動】

●活動場面では、よりよいものを目指すがゆえに生じる集団内の対立や矛盾にも、進んでその調整と解決のために関わり、集団の連帯感を意識して行動することができます。【学校行事】

●最高学年としての自覚を持って行動し、とくに下級生に対してはやさしく接し、細やかな指導を心掛け、全校の先頭に立って行事を盛り上げることができます。【学校行事】

〈自己実現の視点〉

●学級集団の発展に貢献することが、自分の人間的な成長につながることを意識し、自らの長所や可能性を発揮して、主体的に活動に取り組むことができます。【学級活動】

●様々な活動を通して、気づいたことや学んだことを丁寧に振り返りながら、自分の課題や生き方について深く考えることができました。【学級活動】

●日頃からリサイクルや環境問題に強い関心を示し、生徒会主催の地域のクリーン作戦には欠かさず参加し、自ら進んで環境保全を実践しようとすることができます。【生徒会活動】

●生徒会役員として意思統一を図っていく体験を通して、みんなの利益を大切に考え、合意を重んじる調整型のリーダーとしての素養を身に付けることができました。【生徒会活動】

●みんなで決めた目標に沿って、一人一人が力を結集していくと、集団が大きなパワーを発揮することを体験的によく理解し、持ち前のリーダーシップを生かしながら、行事ごとにたくましさと自信を身に付けることができました。【学校行事】

●文化的な行事では、音響の効果についての知識も豊富で、得意とする音楽部門の役割を積極的に担い、完成度の高い作品づくりに大きく貢献することができました。【学校行事】

② 思考・判断・表現

〈人間関係形成の視点〉

●仲の良いグループ関係においても、自分たちだけの利益を優先したり、排他的になったりすることなく、努めて周囲に気を配りながら、みんなが居心地のよいと思えるような学級づくりに貢献することができます。【学級活動】

●話し合いの場面では、自分と異なった意見にもしっかり耳を傾けながらも、周囲が納得できるように、自分の考えをわかりやすく、やさしく述べることができます。【学級活動】

●学校の誇りや伝統を受け継ぐことの意義をよく理解し、学年を超えた生徒会活動に自ら進んで参加し、下級生にも積極的に関わりながら、様々な生徒会活動の継承に貢献することができます。【生徒会活動】

●地域のクリーン作戦などのボランティア活動に進んで参加し、学年を超えた仲間や地域の人々との交流や協働の体験を通して、人間関係やコミュニケーションの幅を広げることができました。【生徒会活動】

●高揚感の高まる学校行事の場面では、みんなが沈みがちな時には励まし、浮き立ち過ぎる時には抑えるよう、リーダーとして常に全体の雰囲気を的確に判断しながら、集団の先頭に立って行動することができます。【学校行事】

●みんなの協働、協力の姿勢を引き出すために、全員の意見の一致点を見出せるようよく考えながら話し合いを進めることができます。【学校行事】

〈社会参画の視点〉

●自分に直接関係のないような学級に生じた様々な問題に対しても、自分が所属している集団の問題として捉え、その解決に向けて自分なりの行動を起こすことができます。【学級活動】

●みんなが安心して過ごすことができる学級をつくっていくために、進んで学級の役割を担い、誠実に遂行しようとする姿勢を持つことができます。【学級活動】

●自分たちが学校の主人公であることを意識して、生徒会の委員会活動に進んで立候補し、全校と学級の橋渡し役として、責任を持って役割を遂行することができます。【生徒会活動】

●よりよい学校にしていくために生徒会の役割を進んで引き受け、みんなが気持ちよく、意欲的に行動に移せるような生活向上運動の企画と運営に積極的に関わることができます。【生徒会活動】

●"みんなが主役でみんなで一つ"という行事の目標に沿って、取組が熱を帯びてくると生じる人間関係の対立を、明るく穏やかな人間性を生かしながら公平な立場で調整し、

目標の達成に大きく貢献することができました。【学校行事】

●リーダーとして、仲間の個性や長所をよく知り、それを引き出し、生かせるように役割分担を考え、みんなが意欲を持って取り組めるよう気を配ることができます。【学校行事】

〈自己実現の視点〉

●控えめな性格ながらも、活動の目的や意義をよく理解し、自分に何ができ、何をなすべきかを判断し、学級の発展と自分の成長を深く考えることができます。【学級活動】

●命の尊さをよく理解し、健康や安全に関する様々な活動に対して強い関心を示し、自主的に調査を重ね、その研究成果を発表することができました。【学級活動】

●自然環境の保全に強い関心を示し、生徒会発案の地域クリーン作戦やリサイクル運動の中心となって、周囲に身近な環境保護活動への参加を呼びかける姿勢が見られました。【生徒会活動】

●代議員としての学級の様々な声を整理して全校に届ける体験から、生徒一人一人がよりよい学校づくりの主人公であるとの主権者意識を深めることができました。【生徒会活動】

●自らの快活なトーンを生かし、体育大会では学年を超えた色集団の一体感をつくり出すために、場の雰囲気を的確に判断しながら行動し、リーダーとしてのセンスに一層磨きをかけることができました。【学校行事】

●修学旅行の夜の集いでは、進んでレクリエーション係を担い、ユーモラスで快活なキャラクターを生かしながら場を盛り上げる工夫を凝らし、学年全員の大切な思い出づくりに貢献することができました。【学校行事】

3　主体的に学習に取り組む態度

〈人間関係形成の視点〉

●様々な活動を通して見えてくる学級内の人間関係をよく知っており、互いが閉鎖的になったり、ぶつかったりする様々な活動場面では、公正な立場で、かつ建設的な姿勢を持って人間関係を調整したり、修復したりしようとすることができます。【学級活動】

●活動場面では常にリーダーとして前面に立って、持ち前の協調性を発揮し、仲間の雰囲気を敏感に感じ取りながら、周囲を前向きに引っ張っていくことができます。【学級活動】

●生徒会活動の中心となって、多様な意見をまとめたり、役割の分担を調整したりする等の経験を通して、コミュニケーション能力や人間性を磨くことができました。【生徒会活動】

●人間関係での悩みやそれを乗り越えてきた経験から、強い人間とはだれにでも公平で、周囲に献身的であるとの力強い主張を、全校集会で発信することができました。【生徒会活動】

●リーダーとしての豊富な活動体験を通して、一人一人が行事の達成感が得られるよう、互いに認め合い、生かし合う人間関係を大切にしながら、行事の企画と運営を進めることができます。【学校行事】

●自らの性格と集団での立ち位置をよく理解し、控え目な立場に徹しながらも、集団の前面に立って苦労しているリーダーを支え、リーダーと周囲とをつなぐ役割を果たすことができます。【学校行事】

〈社会参画の視点〉

●活動場面では、一人一人が自分勝手な行動に走ったり、まじめに努力している仲間や弱い立場の仲間が不安や不利益を感じたりしないよう気を配り、常にリーダーとして共存・共働的な学級をつくっていくことに貢献することができます。【学級活動】

●自分や集団の課題をしっかりと見つめ、常に目的意識を持って行動し、学級の課題解決に向けては、仲間と協力しながら粘り強く、真摯に取り組み、周囲の信頼も厚いです。【学級活動】

●地域のクリーン作戦への自主的な参加を通して、環境問題への関心を高めるとともに、地域や社会に貢献しようとする資質やボランティア精神を身に付けることができました。【生徒会活動】

●いじめ撲滅キャンペーンの企画・立案の中心となって、周囲の傷ついている仲間を放置しないで、自分につながる身近な問題として捉えるよう訴え、みんなが安心して過ごせる学校づくりの推進を全校に呼びかけることができました。【生徒会活動】

●店舗での職場体験で、来店者からの"ありがとう"という感謝の声にたくさん接したことを通して、これまでの自分を見つめ直すとともに、社会の役に立つことの意義を考えることができるようになりました。【学校行事】

●校外学習の飯ごう炊飯では、自らの野外活動の経験を生かし、滞っている他のグループにも積極的に関わり、学年行事の成功に大きく貢献することができました。【学校行事】

〈自己実現の視点〉

●活動には常に前向きで、主体的に取り組むことはもとより、気づきや学習の成果を振り返りながら、自分の適性やこれからの生き方について深く見つめることができます。【学級活動】

●様々な活動において、旺盛な向上心を発揮し、リーダーとしての自分の役割を自覚しながら、みんなが達成感や充実感を抱ける取組になるよう行動することができます。【学級活動】

●生徒会の委員会活動に積極的に立候補し、労をいとわず誠実に取り組む体験を通して、社会貢献について深く考えるようになり、海外協力隊などにも関心を抱くようになりました。【生徒会活動】

●生徒会の役員経験を通して、社会の時事問題も身近な問題として直視するようになり、自分と社会の関係や自分の生き方について深く考えることができるようになりました。【生徒会活動】

●修学旅行における平和学習の事前調査と現地での戦跡見学を通して、国際問題にも強い関心を示すようになり、将来は国際機構に関与したいとの夢を抱くまでに成長しました。【学校行事】

●職場体験活動で、幼い子どもたちと触れ合った感動的な体験を通して、自分の生き方を深く見つめるとともに、将来の職業についても考えることができるようになりました。【学校行事】

❹ “学びを変える” ためのアセスメント

　特別活動における改訂のポイントは、目指す資質・能力の道しるべとして「人間関係形成」「社会参画」「自己実現」の三つの視点が具体的に示されたことである。これまで「望ましい集団活動」としてきた特別活動における集団活動の方向性を明らかにするとともに、それを実践的に意味づける手掛かりを示したものとして大変に意義深い。

　また、子どもたちの話し合いによる「合意形成」「意志決定」といった学習過程を重視している。すなわち、子どもたちが取り組む集団活動の内容や目標などを “みんなで意見を出し合い、折り合いをつけながら、みんなで決めて、それぞれに応じた役割を担い、協力し合って実行し、成果や課題をそれぞれで振り返ろう” というようなことである。

　特別活動で取り扱う集団活動は、子どもたちの発達段階や学校・地域の実態に即して設定される。それはまた、子どもたちにどんな資質・能力を育てたいのかという意図が明確でなくてはならない。それが、各集団活動のねらい、つまり『指導目標』である。これは、子どもたちの話し合いの過程で、自らの活動の具体的な指針として、かつ、価値あるものとして彼ら自身に理解され、意識されることが望ましい。子どもたちの現実に即した『指導目標』こそ、各活動と学校行事においては、彼らを学びに向かわせるテコのようなものである。そして、今回示された「人間関係形成」「社会参画」「自己実現」の三つの視点こそ、具体的な『指導目標』を設定する上での羅針盤として重要だということである。

　例えば、修学旅行という学校行事は、ルールづくりや係活動、体験活動などの様々な集団活動で組立てられている。それら各集団活動には、それに応じた『指導目標』が吹き込まれなければならない。そして、集団活動は『指導目標』を得ることによって、子どもた

ちの中に目標達成のための現実的な『役割』を生じさせる。自主的に目標を決めて、それを達成しようとする集団は、公的なものはもとより、表に現れないものも含めて、成員のすべてが何らかの役割を果たしていこうとするものである。

　言い換えれば、『指導目標』のない集団活動は、形骸化した活動主義と言われる取組や、出来映えや成果ばかりに目が向いた子どもたち不在の取組に陥ってしまう。修学旅行や体育大会などの恒例化した学校行事では特に留意する必要がある。行動主体である子どもたちは毎年替わるがゆえに、たとえ活動内容は同じであったとしても、子どもの実態に即した『指導目標』は必ず刷新されなければならない。

　ただ、先の三つの視点は、相互に関連し合っていて、「人間関係形成」に力点を置いて集団活動に取り組んだとしても、実際の活動場面では自ずと「社会参画」「自己実現」の学習効果が付随してくることもある。それに、子どもによっても学習効果の現れ方は様々である。そういうことを踏まえながら、三つの視点に沿って特別活動の記録に臨みたい。

　ここで紹介した文例は、各活動及び学校行事と、今回示された三つの視点とを関連付けて、学校現場の教員が集団活動の実践イメージを描きやすいよう試みたものである。

行動の記録

●評価項目及びその趣旨（指導要録）

項　　目	学　　年	趣　　旨
基本的な生活習慣	第1学年、第2学年及び第3学年	自他の安全に努め、礼儀正しく節度を守り節制に心掛け調和のある生活をする。
健康・体力の向上	第1学年、第2学年及び第3学年	活力ある生活を送るための心身の健康の保持増進と体力の向上に努めている。
自主・自律	第1学年、第2学年及び第3学年	自分で考え、的確に判断し、自制心をもって自律的に行動するとともに、より高い目標の実現に向けて計画を立て根気強く努力する。
責任感	第1学年、第2学年及び第3学年	自分の役割を自覚して誠実にやり抜き、その結果に責任を負う。
創意工夫	第1学年、第2学年及び第3学年	探究的な態度をもち、進んで新しい考えや方法を見付け、自らの個性を生かした生活を工夫する。
思いやり・協力	第1学年、第2学年及び第3学年	だれに対しても思いやりと感謝の心をもち、自他を尊重し広い心で共に協力し、よりよく生きていこうとする。
生命尊重・自然愛護	第1学年、第2学年及び第3学年	自他の生命を尊重し、進んで自然を愛護する。
勤労・奉仕	第1学年、第2学年及び第3学年	勤労の尊さや意義を理解して望ましい職業観をもち、進んで仕事や奉仕活動をする。
公正・公平	第1学年、第2学年及び第3学年	正と不正を見極め、誘惑に負けることなく公正な態度がとれ、差別や偏見をもつことなく公平に行動する。
公共心・公徳心	第1学年、第2学年及び第3学年	規則を尊重し、公徳を大切にするとともに、我が国の伝統と文化を大切にし、国際的視野に立って公共のために役に立つことを進んで行う。

1　基本的な生活習慣

●学習計画をしっかり立て、自主的に取り組んでいる姿はとてもすばらしいです。資料やプリントを見直し、自分なりにノートにまとめ、授業内容を復習し理解していることがよくわかります。この調子でさらなる実力をつけていきましょう。

●部活動と学習の両立を目標に掲げ、時間の使い方を工夫しました。手帳を活用しながらやるべき課題を整理し、毎日家庭学習がきっちりできています。これからも要領よく学習していきましょう。

●服装、頭髪などの身だしなみに気を配り、生活委員としても他の生徒たちの模範となっています。正門の朝のあいさつ運動にも、大きな声で参加をし、周りを元気にしています。これからも規則正しい生活を心がけていきましょう。

●好きな教科には時間をかけて取り組むことができていますが、勉強していない教科もあります。偏ることなくすべての教科を学習しましょう。特に自分が苦手とする教科にはより時間をかけ、早めから繰り返し覚えていきましょう。毎日、学習した内容を記録し、振り返ってみるのもよいでしょう。

●先月から遅刻が増えてきていますが、始業に間に合う時間に家を出ているでしょうか。慌てて登校すると、とても危険です。家を出る時間を早め、安全に配慮し、余裕を持って登校するよう心がけましょう。

② 健康・体力の向上

●毎朝、早くからランニングをし、体力向上に努めている姿は大変立派です。バスケットボール部の夏季大会では、優秀選手にも選ばれ大活躍でした。日々の努力の成果を出すことができました。

●保健委員として全校生徒に発行した「保健だより」は、朝食の必要性や、どのような食事をとればよいかなど、わかりやすく説明されていて、すばらしい内容でした。イラストやカロリー数値を書き込むなどの工夫があり、とても良かったです。保護者のみなさんにも大変好評でした。

●毎日、規則正しい生活を心がけ、手洗い・うがいも丁寧に行い、体調管理がしっかりできています。入学時から遅刻や欠席もなく、すばらしいです。これからも食事や睡眠時間に気を配り、自己管理を続けていきましょう。

●早寝早起きの習慣が身についていないようです。授業中の居眠りも疲れがたまっているからではないでしょうか。自分の生活をみつめ直し、学習時間や就寝時間など計画を立て、充実した学校生活が送れるようにしましょう。

●体調不良による体育の欠席が増えてきています。日頃から予防策も考え、体調管理を心がけていきましょう。少しでも授業に参加できそうな日は、みんなと一緒に体を動かしてみましょう。

●欠席の日数よりも、今は体のことを一番に考え治していきましょう。自分のペースで、少しずつで構いません。しっかりと病気の回復に努め、無理をしすぎないようにしてください。

3　自主・自律

● 学習面において、目標達成に向けて細かな計画を立て毎日努力しました。成績も向上し、結果に表れています。これからも進路実現に向けてその姿勢を大切にしていってください。

● 周囲に流されることなく自分の考えをしっかり持ち、発言することができます。リーダーとして活躍する場面が増え、頼もしい存在となりました。ぜひ生徒会の役員にも挑戦してみましょう。

● 朝早くからの清掃ボランティアに積極的に参加しました。一度も休むことなく、また集合前から清掃を始めていたことに、地域の方も感心されていました。人のためにできることを考え、これからも積極的に活動していきましょう。

● 将来の夢について具体的に語ることができるようになりました。何をするべきか、いつまでに完成させるのか、細かな計画を立て、先を見据えた行動をしていきましょう。

● いよいよ進路決定の時期を迎えます。まだ決まっていないようですが、家族と話をしたり、学校説明会に参加したりする中で自分の将来について考え、少しずつ前進していきましょう。

● グループの活動では、周囲の人の意見をしっかり聞くことができますが、ノートに書いている自分の意見も述べるようにしてみましょう。アウトプットすることをがんばってみましょう。

4　責任感

● 与えられた仕事を最後まで責任を持ってやりとげることができます。自分の役割を自覚し率先して動く姿は、みなさんのお手本となっています。

● 日直が忘れている時、いつも○○さんが黒板を消してくれていましたね。当番にかかわらず、みんなのために自然と行動できるというのは、すばらしいことです。

● 吹奏楽部の部長として、50名の部員をひっぱり、毎日懸命に活動しました。パートに分かれて練習する時間が多いため、しんどいときもあったと思いますが、常に「みんなが楽しく活動できるように」を心がけ、コンクールまでの計画などを細かく立て、見事にまとめることができました。

● 何事に対しても誠実に真面目に対応することができます。周囲の人の相談ごとにも親身になって話を聞くことができ、誰からも頼られる存在です。

● 掃除の時間は、最初はがんばっていますが、途中で人に任せてしまうところがあります。最後まで責任をもってみんなと一緒にやりましょう。

●文化祭のリーダーとしてよくがんばりました。なかなか意見が合わず、苦労した取組でしたが、副リーダーにも助けられて成功しましたね。周囲の人の意見を聞きながら進めていく大切さを学んだのではないでしょうか。この経験を生かし、これからも様々なことに挑戦をしていきましょう。

⑤ 創意工夫

●好奇心旺盛で、何事にも挑戦してみようという姿勢が多くの場面でみられます。特に文化祭の背景のデザインは何時間もかけて取り組み、素晴らしい仕上がりでした。最優秀賞受賞に大きく貢献しました。

●修学旅行の取組で、みんなの意見がまとまらないときに、全員が賛同できるような新たな方法を考え提案しました。おかげで全員が一体となり前進することができました。いつも、より良い方法を考え模索している姿勢は立派です。

●図書室の利用者を増やすために、毎月掲示板にテーマ本を展示したり、最新ニュースに関連するコーナーを設置したり、図書委員として工夫を凝らしました。その後は多くの生徒が図書室を利用するようになり、下級生にも引き継がれるすばらしい取組となりました。

●授業はよく聞いていますが、復習するときに時間がかかっているようです。日頃からプリントをこまめに整理し、ノートのまとめ方を工夫するなど、自分なりの方法を考え、やってみましょう。

●挑戦することが苦手のようですが、勇気を出して一歩踏み出してみましょう。自分の殻をやぶってみると、新たな発見があるかもしれません。失敗してもかまいません。とりあえず自分の力を試してみましょう。

⑥ 思いやり・協力

●周囲の意見に耳を傾け、相手の立場を考え行動することができます。男女みんなから頼りにされる存在で、学級委員としても大活躍でした。

●誰とでも分け隔てなく話すことができ、公平に接することができます。男女がともに意見を出し合うようになったのは、○○くんのおかげです。困っている人に声をかける姿をみならい、みんながコミュニケーションをとり協力するようになりました。

●地域の方と共に活動した生徒会のあいさつ運動では、暑い中協力していただいた保護者の方々を気づかい、水分補給をとってもらうよう声をかけるなど、○○さんの優しさに感心されていました。これからも思いやりの心を大切にしていってください。

●合唱コンクールでは指揮者として、それぞれのパートにアドバイスをする一方、みんなの意見も取り入れながらまとめ、見事なハーモニーを奏でることができました。全員が心から一体となって歌うことができ、すばらしい発表でした。

●自分の興味があることには熱心に取り組む姿勢が見られますが、そうでないときは協力できず周囲が困ることがあります。どんなときも協力してやりとげるようにしましょう。

●立派な意見を発表しますが、実行できていないことが多いです。それぞれの役割分担を確認し、責任をもって取り組みましょう。自分ひとりでできないときには周囲に協力を求めるか、やり方を考えるなど、そのままにせず対策をとりましょう。

⑦ 生命尊重・自然愛護

●毎朝、教室の一輪挿しの花の水を換え、きれいに生けていました。植物を愛する美しい姿に、多くの生徒からも感心の声がありました。これからも自然を大切にいつくしんでいきましょう。

●公園にゴミがたくさん落ちているため、ポイ捨て禁止のポスターを作って、地域の方々に呼びかけようと、生徒会に提案し実行することができました。とても立派な取組で、自治会の方も感謝しておられました。

●森林資源を守ることについて詳しく調べ、文化祭の企画コーナーで発表し、全校生徒に古紙のリサイクルの必要性を訴えました。○○さんのおかげでそれ以降は、どのクラスもゴミの分別がしっかりできています。

●写真部で企画し、全校生徒に身近な自然に関心を持ってもらおうと、美しい写真をたくさん校内に展示しました。生徒だけでなく教員も、普段気づいていなかった校内の四季の移り変わりや自然の偉大さに興味を抱くことができました。今後もぜひ続けていってください。

●施設に収容された犬の現状を学び、迷子犬の札や掲示するポスターを作成しました。犬の命も人間と同じく尊いものであり、自分たちにできることがあるのではないかと活動しました。これからも命を大切に、できることを考え行動していきましょう。

⑧ 勤労・奉仕

●文化祭の準備では、たくさんのゴミをいつも率先して捨てに行き、みんなが活動しやすくなるように心がけていました。全員が、毎日気持ち良く取り組むことができたのは○○くんのおかげです。

●トイレ掃除の担当になったとき、みんなが避けていた部分の掃除を「僕がやるよ」と自

主的に取り組みました。その勇敢な姿に感銘を受け、周囲の人たちも「次回は交代するよ」と自然と言うようになっていきました。すばらしい行動力でした。

●教室の机の整とんをクラスメイトが気づかないところで毎日していましたね。偶然に見かけた生徒が感謝の気持ちを学級日誌に書いていました。それ以降は、みんなそれぞれが机を整えて帰るようになりました。これからも人のためにできることを考え、行動していきましょう。

●生徒会のボランティア活動に参加し、暑い中、駅で募金箱を持って大きな声で呼びかけを行いました。汗を流しながらの活動に、地域のみなさんも感動されていました。今後も自分に何ができるかを考えていきましょう。

●地域の野球クラブの活動に参加し、後輩の小学生の練習を見たり試合の応援に行ったり面倒をよくみています。あいさつや礼儀についても小学生の模範となっていると、監督がおっしゃっていました。

9 公正・公平

●学級委員としての役割をしっかり果たし、クラスをまとめることができました。全員の意見に耳を傾け話し合いを展開し、誰もが納得できるように努力しました。周囲からの信頼もとても厚いです。

●偏見や先入観にとらわれず、誰に対しても分け隔てなく話すことができます。文化祭の役割分担においても、人前で意見が言えない人のためにアンケートを配布するよう提案しました。おかげで、全員が一致団結し協力して取り組むことができました。

●周りの意見に惑わされることなく、公平に物事をとらえ判断することができます。しっかり考えた上で発言していることがわかり、説得力があります。これからも自信を持って発言をしていきましょう。

●障害がある方を校内にお招きし講演会を行ったときに「私たちができることは、手を差し伸べ介助することだけでなく、まずは誰もが自分で生活がしやすい社会が何かを考え、工夫をしていくべきだ」と述べていました。これからの超高齢社会にも必要な考えだと思います。様々な視点で物事を捉え、必要な改善策を考えていきましょう。

●自分の意見をしっかり主張しますが、他の人の意見は聞かないときがあります。集団生活の場ではいろんな人の気持ちを聞き、まとめていくことが大切です。反対の意見にも耳を傾けるようにしましょう。

⑩ 公共心・公徳心

●青組団長として体育祭までの計画をしっかり立て、下級生にもわかるように丁寧に教え熱心に活動しました。時には困っている1年生のクラスにサポートに入り、大活躍でした。みんなで心を一つにして行った応援合戦は、練習の成果が発揮され、見ている人たちを感動させました。

●一泊研修で使用した炊事場が汚れていることに気づき、自ら掃除道具を借りに行き、最後まできれいに磨きあげました。クラスの生徒も協力し、みんなで気持ち良く終わることができました。すばらしい行動力です。

●放課後、地域の児童館が主催する学習会にボランティアで参加し、小学生に宿題などを教え、面倒をみていました。とてもわかりやすいと評判で、小学生が積極的に学習するようになっているそうです。これからもできる範囲で続けていきましょう。

●授業開始時間に間に合わず、遅れてくることが多いです。朝の連絡内容を聞いていないために忘れ物をし、学習の理解にも影響が出ています。周囲に迷惑をかけていることも認識し、生活態度を改善しましょう。

●服装が乱れているときが多く、また机や壁に落書きをするなど、学校のきまりが守られていないことがあります。集団や社会の一員としての自覚を持つことが大切です。公共の物は大切に扱い、ルールやマナーを守りましょう。

⑪ "学びを変える" ためのアセスメント

　行動の記録は、生徒の優れているところや懸命に努力したこと、また短所であっても改善の仕方を添えて前向きに考えることができるような内容を書き、生徒にとって励みとなり、今後も意欲的に活動できるようにまとめる。

　そのためにも、普段から授業時間はもちろんのこと、休み時間や掃除時間、登下校時など多くの場面で生徒とともに触れ合い、あらゆる視点から生徒を観察し記録をしていくことが求められる。また、会話の中からだけでなく、ノートやレポートの感想、学級日誌の記録など、文面や文字からも読み取ることができる様々な提出物にも目を通し、生徒の成長を観察していくことも大事である。

　一方、部活動の活躍、委員会活動でのリーダーシップなど、担任だけではわからない多方面での様子については、多くの先生と交流しデータを収集していくのもよいであろう。すばらしい出来事などを聞いたときには、その内容を記録にとどめるだけで終わらず、聞いたことを生徒にも話し、その時々で評価をし、多くの大人たちが成長を見守っていることも伝えていく。それは生徒にとって大きな励みとなり、より一層、次の活動への自信に

つながっていくであろう。学校外の活動については、ボランティア活動をしている団体や児童館など、地域の方々と話す機会を大切にし、生徒が異なった場所でみせる表情や言動について交流し、時には改善していかなければならないことについては共通理解をし、お互いにとって今後も指導がしやすくなるよう、連携をしていくことが望まれる。

　重要なこととして、教師はこの通知表を記入するためだけに、生徒を観察し多くの方たちと情報を共有するのではなく、生徒がどのように成長しているのかを理解するために、生徒理解を深めるために情報を収集しているということを忘れてはならない。同時に、教師自身が、生徒が成長できるような教育活動を充実させてきたのか、評価できるように導いてきたのかを振り返り、生徒ができなかった内容については、教師自身も指導の在り方について考えていく必要がある。"どのようにすれば生徒が成長するか"を第一に考え、指導の仕方や育み方について、様々な方と情報を共有していき、教師の行動を振り返ることが大切である。

　通知表の行動の記録は、生徒にとってだけでなく、教師にとっても行動の記録となるのである。

●参考文献
中央教育審議会初等中等教育分科会教育課程部会「児童生徒の学習評価の在り方について（報告）」平成31年1月21日
文部科学省「小学校、中学校、高等学校及び特別支援学校等における児童生徒の学習評価及び指導要録の改善等について（通知）」〔別紙4〕「各教科等・各学年等の評価の観点等及びその趣旨（小学校及び特別支援学校小学部並びに中学校及び特別支援学校中学部）」平成31年3月29日

総合所見及び指導上参考となる諸事項

1 各教科や総合的な学習の時間の学習に関する所見

●英語の学習に積極的に取り組み、英検3級に合格することができました。

●いつも丁寧な字で、自分の振り返りを書いていました。字はその時の気持ちの表れです。これからもどんな時でも冷静に自分を見つめ、次の成長につなげてください。

●学習面においては、地道な努力が実を結びつつあります。2年生になったら丁寧さに加えて、問題の数をこなすことも心がけていけば、まだまだ成果は上がると思います。

●友だちと一緒に励まし合いながら英単語の暗記などに取り組んでいました。その努力が実を結ぶようにこれからも頑張っていきましょう。

●学習について前向きな面が見られるようになりましたが、なかなか結果にはつながらないかもしれません、でも、あきらめず地道に学習を積み重ねていきましょう。

●総合的な学習の時間に、環境学習をしたことがきっかけとなり、校内のリサイクル活動に取り組みました。これからもその取組を続けてもらいたいと思います。

2 特別活動に関する事実及び所見

〈学校行事〉

●修学旅行では、クラスリーダーとして先頭に立ち、みんなを引っ張ってくれました。失敗したり、リーダーとしての難しさに直面したりしたときでも、逃げ出さず、「どうしたらいいか」を考える姿にきらりと輝くものを感じました。

●体育大会のダンス作成委員として、よりよい演技になるように、友だちと話し合いながら前向きな意見をたくさん出してくれました。

〈生徒会活動〉

●○○委員に立候補し、クラスのために頑張ろうとする意欲が多く見られました。

●生徒会役員として、学習発表会のスローガンづくりでは、他のメンバーと協力し、素晴らしい看板が完成しました。

〈学級活動〉

●合唱コンクールでの指揮は本当に素晴らしいものでした。あなたの努力が世界でたった一つの歌を作り出してくれました。感動をありがとう。

●○○委員として、仕事に対する責任感を持っただけでなく、クラスの友だちへの気配りもできるので安心して仕事を任せられます。

●給食当番の時は誰よりも早くマスクやエプロンを着け、笑顔で配膳を行ってくれました。

3 行動に関する所見

〈基本的な生活習慣〉

●教室清掃に徹底して取り組み、清潔でさわやかな環境作りに励んでくれました。

●「5分前行動」を確実に守り、周囲にも声かけをしてくれました。

●自分のロッカーや机の中などの整理整頓が確実にできており、気持ちよく学校生活を送ることができています。これからも続けてほしいと思います。

〈健康・体力の向上〉

●昼休みに毎日運動場に出て球技で汗を流しています。そのパワーが様々な面で生きています。

●健康調査では、早寝早起きを意識し朝食を毎日きちんと食べているなど、元気に学校生活を送っています。

〈自主・自律〉

●周囲の雰囲気に流されることなく、自分のすべきことを自覚し、確実に実行していました。

●新しいことにも積極的にチャレンジし、思ったことを実行できる勇気を持っています。

〈責任感〉

●林間学舎の事前学習では、新聞づくりに取り組みました。リーダーとして段取りよく制作を進め、わかりやすい作品を作ることができました。

●遠足の班別行動では、悪天候の中、時間を意識して行動するなど友だちと協力しながら班長としての仕事を確実にこなしていました。

〈創意工夫〉

●授業中はノートを工夫し、板書だけでなく授業の内容をメモしわかりやすくまとめています。そのような小さい積み重ねを大切にし、さらに自分の力を伸ばしていきましょう。

●係として、明るい色をうまく使いこなしてとてもわかりやすい掲示物を作ってくれました。これからもアイディアをたくさん出し、教室が明るくなるように力を尽くしてください。

〈思いやり・協力〉

●同じ班のメンバーから「いつも勉強を教えてくれる」という話を聞くくらい、周囲に与

える影響は大きいものがありました。

●ダンスの練習の際に、ダンスが苦手な友だちに積極的に声をかけ、丁寧に教えていました。普段の生活でも困っている仲間に優しく接することができています。

●欠席が目立ち始めた同級生の家に行き、朝一緒に登校したり、連絡帳を持って行ったりしてくれていました。

〈生命尊重・自然愛護〉

●花の水やりを毎日欠かさずしてくれるので、教室や廊下の草花がいつも活き活きとしています。

●職業体験では動物とふれあいながら、ペットの問題を深く考えることができました。職場の方からも、「とても一生懸命に取り組んでくれました」と褒めていただきました。

●いじめについての学習を通して一人一人の人権や命の大切さを学び、作文を通してみんなに訴えてくれました。

〈勤労・奉仕〉

●給食の配膳や毎日の清掃活動などの目立たないことにも手を抜かず、自分の役割をしっかり果たすことができています。

●委員長や部活動のキャプテンを務める中で、仕事に対する責任感や自覚が芽生えてきました。自分がすべきことを確実に理解して行動し、頼りになる存在です。

●職場体験学習では小さな子どもたちとふれあう中で、仕事の大変さを肌で感じることができたようです。職場の方にも積極的に質問していました。

〈公平・公正〉

●明るく裏表のない性格で、善悪の判断が確実にでき、クラスを正しい方向に導く発言をしてくれています。

●誰に対しても分け隔てなく接するので、周りに安心感を与えてくれています。

●友人関係で悩んでいる友だちの相談に乗り、先生に相談するように働きかけるなど問題の解決に貢献してくれました。

〈公共心・公徳心〉

●体育大会の選手を決めるときに、一番ハードな種目である1000m走に立候補し、力強く走る姿にたのもしさを感じました。

●自分の役割はもちろんのこと、自分の担当以外のことでも率先して力を貸してくれています。

4 進路指導に関する事項

〈生徒の進路希望〉

●あなたの夢が叶い、多くの人からエールを送ってもらえる野球選手になるために、今の努力を続けていきましょう。

●夏休み明けから学習面での努力が実り始めました。自分の決めた目標に向かって努力する姿はクラスの友だちも見ています。冬休みは受験に向けたラストスパートです。計画的に学習を進めていきましょう。

〈生徒の進路への意識〉

●進路について、目標は持っていますが、その達成のためにすべきことがまだ見えていないようです。まず、日々の授業を大切にし、一歩ずつ努力を重ねていきましょう。

●3年生になり、進路についても目標が定まり、各教科の提出物や宿題を確実にやるようになり、授業中に積極的に取り組むようになりました。

●部活動を引退した後、自分の目標を進路にスムーズに切り替えることができました。授業に対する姿勢も一層前向きになっています。

〈進路学習の状況等〉

●「職業調べ」では、図書館の資料やインターネットを活用して、職業の特色やどのような人がその職業に向いているかなどを丁寧に調べて発表しました。

●職業講話では、旅行社の方の話に耳を傾け、積極的に質問をしていました。

●職場体験では、電気店の一員として仕事をする中で、挨拶や言葉使いなどの細かな気配りの大切さを学びました。また、働いている家族へ尊敬やいたわりの気持ちを持つことができました。今回の体験で得た物をこれからの自身の生活で生かしてほしいと思います。

5 生徒の特徴・特技、部活動、学校内外におけるボランティア活動などの社会奉仕体験活動、表彰を受けた行為や活動、学力について標準化された検査の結果等指導上参考となる諸事項

〈生徒の特徴・特技〉

●地域の水泳クラブで力を発揮し、全国大会に出場するという活躍を果たしました。

●イラストを描くことが得意で、校内の掲示物作成などに積極的に関わってくれました。

●体育大会ではリレー選手として大活躍でした。すばらしい走りでチームやクラスを勝利へと導いてくれました。

●清掃活動や教科リーダーの仕事はもちろんのこと、頼まれた仕事は決していやな顔をせず、快く引き受けてくれます。これからもその長所を大切にしてください。

〈部活動〉

●バスケットボール部のキャプテンとして、部員のことを考えた言動でチームをまとめることができました。

●バレー部においてエースアタッカーとして活躍し、県の選抜メンバーに選ばれました。

●部活動では多くの壁にぶつかりながらも、自分の思いを捨てずに、総合体育大会に向けて妥協することなく練習に励んでいました。そういう姿勢に信頼を置いている友人がたくさんいます。

●部活動においてとても頑張れた1学期でした。試合をしているときの真剣なまなざしが特に印象的でした。

●吹奏楽部では、自分の練習だけでなく、失敗した友だちを気づかったり、練習時間の大部分を後輩の指導に費やしたりするなど、周りのことを考えながら活動しています。

〈表彰・代表〉

●小さい頃から、ピアノを習い、コンクールで最優秀賞を取ることができました。

●理科自由研究で優秀賞に輝き、その研究成果を自由研究発表において発表しました。

●健康管理や体力作りに努め、スポーツ検定において金賞を取ることができました。

〈奉仕活動〉

●校区のまつりや市のイベントにボランティアとして参加し、積極的に行動する場面を見ました。これからも誠実で献身的な仕事ぶりを発揮してください。

●小学校で行われた地域の餅つき大会にボランティアとして参加し、一生懸命取り組む姿を見た地域の方々から感謝していただきました。

●学級での清掃活動や用具の管理に率先して取り組んでいます。合唱コンクールでも、一生懸命歌うだけでなく、歌詞を模造紙に書いたり、ＣＤラジカセの準備をしたりとクラスのために率先して動いてくれました。

●修学旅行の食事の準備や後片付けを丁寧にしてくれたので、ホテルの方から感謝の言葉をいただきました。小さな努力が大きな実を結ぶように今後もその気持ちを持ち続けてください。

6　生徒の成長の状況にかかわる総合的な所見

〈成長の状況と今後へのアドバイス〉

●普段の生活を大切にする姿勢が、学習面でも良い影響をもたらしています。

●苦手なことから逃げずに頑張る姿に好感が持てます。その前向きな姿勢を大切に学習や行事に取り組んでください。

●クラスの友人たちから「授業中良く発表している。すごい。」というたくさんの声を聞

きました。そんな自分に自信を持つと、もっとあなたの力は伸びると思います。

●教室では最初に比べて友だちと笑顔で話している場面が増え、安心しています。2学期も友だちと協力しながら行事や学習に取り組んでいきましょう。

●合唱など自分はあまり得意でないものに対しても明るく前向きに練習する姿勢に好感が持てました。これからも苦手なことにもチャレンジし、活躍の場が広がることを期待しています。

●毎日部活の時間が来るのが待ち遠しく、ラケットを抱えてテニスコートに急ぐ姿が印象的でした。日頃の練習の成果が、大会4戦全勝という結果に表れました。

●野球部のキャプテンとして、つらい時も必死でみんなをまとめようと努めました。この頑張りは、あなたが大人になった時に「心の強さ」として表れる日が来るはずです。

●口数が多い方ではありませんが、穏やかな性格で周りの友だちに安心感を与えてくれます。クラスメートからの信頼も厚いので、もっと自分の自信を持ち、積極的に前に出てみてはどうでしょうか。

●2年生になり、前向きな発言が多く見られるようになり、友だちの前でも堂々と意見を言うことが増えました。その成長には目を見張るものがあります。

●道徳や学活での話し合いの際には、自分の意見をしっかり持ち発言することができました。これからもその力をさらに伸ばし、他の授業でも生かしてほしいと思います。

●自分なりの目標を立て、それに向かって努力している姿が見られました。漢字検定や各教科の小テストにも休み時間を有効に利用しながら取り組んでいます。今後も目標に向けて前進していきましょう。

●トイレ掃除でスリッパを磨いたり、放課後教室の棚の整理をしてくれたりと、他の人が気づかない所までやってくれました。みんなのことを考えて行動できる場面がとても多いことに感心しています。後期は委員に立候補するなど新たなチャレンジをしてください。

〈その他指導上特に必要な事項（指導要録）〉
●保護者の変更及び改姓（○○年□月□日、保護者が父親から母親に変更になり、母親の籍に入ったため）
●○○年□月に○○より編入。

7 "学びを変える" ためのアセスメント

今回の改訂では、教員の勤務実態等を踏まえ、「要点を箇条書きにするなど、その記載事項を必要最小限にとどめる」「文書記述により記載される事項は、児童生徒本人や保護者に適切に伝えられることで初めて児童生徒の学習の改善に生かされるものであり、日常

の指導の場面で、評価についてのフィードバックを行う機会を充実させるとともに、通知表や面談などの機会を通して、保護者との間でも評価に関する情報共有を充実させる」といったことが示されている。指導要録は「である」、通知表は「ですます」で記入するとなると、文末を書き換えるという作業が出るため、校務支援システムによる事務作業の効率化のメリットが得にくくなる。今後は、双方の表記を統一するといったことも考えられる。

　通知表が渡されたときに、所見欄から見る生徒は多い。そのことを踏まえ、日々の教育活動の中で生徒のよい点や可能性を伝えるとともに、特に通知表の記述については、よさの発見にとどまらず教師から生徒に送る励ましの役割を持つ「向上のためのアドバイス」「進歩のための助言」でありたい。

支援が必要な子どもに対する文例とアセスメント

　特別な配慮を必要とする生徒には、自信を持たせるための賞賛や承認の一言とともに、受容と共感的理解に基づいた評価を所感（所見）にまとめることが大切である。その上で、生徒が「学びを変える」ために、「どういう点がよかった」「どういう点をもう少し頑張ってほしい」という学びを向上させる具体的な一言を記入したい。

1 障害のある生徒

　障害のある生徒については、十分な学びを確保して障害の状態や発達の段階に応じた指導を充実させていく必要がある。そのために、個別の教育支援計画及び個別の指導計画を作成して、組織的かつ計画的に指導した成果を評価することが大切である。

〈知的障害のある生徒〉

●学級のみんなが笑顔になるような明るい言動をするムードメーカー的な存在です。生活面では、身の回りの整理整頓が上手くできず、使った物をそのままにして片付けが苦手な様子が見られます。ご家庭でも本人が自分で整理整頓ができるように声かけをお願いします。学習面では、基礎的な事項を身に付けるためにドリル学習を中心に取り組みました。その成果として実力テストの点数が少しずつ上がってきました。英単語の学習では、声に出しながら覚えるように助言したところ、「覚えやすくなった」と話しています。今後も、本人に合った学習方法を見つけられるように支援をしていきたいと考えています。

〈情緒障害のある生徒〉

●昨年度よりも落ち着きを持って学校生活に取り組んでいます。時間に追われたり急かされたりして気持ちに余裕が無くなると、乱暴な言葉遣いや粗暴な態度をとることがありました。そのたびに担任と話をして自分の気持ちを言葉で伝え、落ち着きを取り戻せるようになりました。大きな成長だと思います。今後は自分の気持ちを上手にコントロールする力を身に付けて、クラスメートとうまく関われるように努力して欲しいと思います。

〈場面緘黙の生徒〉

●学級の中で話のできる友達が少しずつ増えてきたので安心して学校生活を送ってい

す。自然体験学習に参加して、山登りや食事準備で級友と力を合わせることができたので、言動に自信を持てるようになりました。円滑なコミュニケーション力をつけるために、出来事に自分の思ったことや感じたことを付け加えて話すよう助言したところ、相手に伝わりやすい話し方ができるようになってきました。語彙も増えてきていると感じます。

〈学習障害（ＬＤ）のある生徒〉

●お話が上手で、ユーモアのある話が学級全体を和やかにしてくれます。学習面でも、発表や説明等では話す力を発揮して理解を深めています。しかし、板書をノートに書き写すことや考えたことを文字で表現することが不得手なようです。忘れ物も多く見受けられました。生活ノートに明日の学習予定や宿題等を必ず記入して、文字を書く習慣を身に付けられるように、忘れ物を無くせるように声掛けをし励ましていきたいと思います。

〈注意欠陥多動性障害（ＡＤＨＤ）のある生徒〉

●学習面では、集中力が持続せず学習内容とは関係のない掲示物や窓の外に気が向いてしまうことが多く見受けられました。しかし、ＩＣＴ機器を利用した画像や映像等を用いたビジュアルの学習にはとても興味・関心を持ち、食い付くように見て自分の考えをまとめることができました。今後は、さらにＩＣＴ機器を効果的に活用していこうと考えています。また、教室環境を整え、座席を教師の近くに置いて集中して学習に取り組めるようにしようと思います。

〈自閉スペクトラム症（アスペルガー、こだわり）のある生徒〉

●学習面では、問題文を読みながらその文章に納得がいかないと問題よりも文章が気になってしまい、問題を解くために前進することができないなど、強いこだわりがあります。そのため、時間内に問題を解くことができないことが多く見受けられました。問題ができないことを叱責しないで、できたことや作れたことを褒めることで自信を持たせるように指導していこうと考えています。生活面でも自分なりのこだわりがあり、級友とうまくコミュニケーションすることができないことが見受けられます。日直や係活動等の常時活動のルーティーンを身に付け、号令をかけることや人前で話す態度がしっかり身に付くように指導していこうと考えています。

2 日本語指導を必要とする生徒

　日本語指導を必要とする生徒に対しては、ゆっくりとはっきりと話すこと、絵や図等の視覚的支援を活用した教材・教具の工夫、生徒の日本語による発話を促す配慮など、学習に参加するための支援を押さえたい。「特別の教育課程」による日本語指導の学習評価の際には、個々の指導目標や指導内容を明確にした指導計画を作成して、それに基づいて学

習評価を行うことが大切である。また、通知表の所見等の記入に当たっては、保護者の母国語に翻訳して通知する配慮も大切である。その際には、教育委員会の担当者や翻訳者等の方が時間的な余裕をもって翻訳できるように早めに依頼をする。

●言葉が不自由な慣れない環境の中だったと思いますが、クラスメートと身振り手振りを交えて楽しそうに会話をしながら、一学期の学校生活を過ごすことができました。毎日提出している生活ノートでは、日を追うごとに日本語の数が増え、簡単な文章を日本語で書けるようになりました。学習面では、日本語の授業で「読む・書く・聞く・話す」ことに満遍なく取り組んでいますが、特に日本語をしっかりと聞き、丁寧に日本語で話すことが上手にできるようになりました。また、いろいろな画像を見ながら日本語名を積極的に覚えており、語彙を増やす努力をしています。今後は発音をしながら日本語で書ける文字を増やしていけるように指導しようと考えています。

●学級では陽気で明るく、男女を問わずに誰とでも仲良く接することができています。母国語だけでなく英語を話すことができるので、英語の授業では積極的に授業に参加し発言する様子も見られました。特に、英語のスピーチでは他の生徒のお手本になっていました。その他の教科では、ゆっくりですが日本語を読み、はっきりと日本語で発音するように努力しています。日本語を書くことにも意欲的に取り組み、たくさん漢字が書けるようになりました。

●本校に転入して1か月が経ちました。生活面では、慣れないことが多くあるようで苦労していますが、クラスメートの様子をよく見て真似しながら掃除や給食の活動に取り組むことができるようになりました。また、支援員の先生と一緒に日本語を勉強して、朝や帰りの挨拶が日本語でできるようになり、日本の文化に溶け込もうとしています。学習面では、ひらがなは書けるようになり漢字も少しずつ覚えてきました。日本語で会話ができるように、日本語会話の練習に力を入れて聞く力と話す力を向上させていきたいと考えています。

3 転入生

新しい学校に転入するということは、生徒にとって生活環境と学習環境が全く変わるということであり、生徒は不安な気持ちで新しい学校生活をスタートさせている。そこで、生徒が新しい生活に慣れ、安心して学習に取り組めるようになるための配慮とその成果を所感（所見）にまとめたい。また、学年によっては進路希望等の情報も押さえたい。

●転校当初はとても緊張していたので、少人数の学習グループや生活グループによる活動

を取り入れたところ、少しずつ話せる友達ができるようになり、最近ではクラスに溶け込んでみんなと仲良く生活しています。学習面では、まじめな態度で授業に取り組み、学習内容の理解も良好です。特に数学・理科には自信を持っており、理数系のひらめきや計算の速さには優れた力を発揮しています。読書量はやや少ないので、図書室を利用して積極的に本を借りるように指導したところ、定期的に本を借りるようになりました。

●生活環境や学習環境に大きな変化があった1学期でしたが、本校の学校生活に慣れるために、分からないことは自ら進んで質問して上手に適合していく姿が印象に残りました。仲の良いクラスメートも増えて落ち着きのある学校生活を送っています。授業中も教師の話をよく聞き、真面目な態度で学習に取り組んでいます。学習成果がテストの結果に結び付いていない部分もあります。日々の学習を振り返り、復習を毎日積み上げることで、学習内容をしっかり定着するように指導しました。今後の成果を期待します。

●学期途中からの転入ということで、全く新しい環境に慣れるのに苦労したことと思います。話のできる級友も少しずつ増えてきて、安定した学校生活を過ごしています。学習面では、得意な社会や英語の授業では積極的に取り組んでいます。不得意な数学ではぼんやりしていることが見受けられたので、毎時間の学習のねらい（要点）をしっかり押さえていくことの大切さを指導したところ、少しずつ要点を押さえられるようになりました。進路希望校がはっきりしていなかったのですが、○○高校の学校見学会に参加したところ、とても感動して第一進路希望校にしました。難関校であることと受験勉強の取り組み方を指導したところ、目の色が変わるほど真剣に学習に取り組むようになりました。

4 不登校傾向の生徒

　不登校傾向の生徒の評価については、学習状況の把握に努めることが学習支援や進路指導を行う上で重要である。学校が把握した生徒の学習計画や内容がその学校の教育課程に照らして適切と判断される場合には、当該学習の評価を適切に行い、生徒や保護者等に伝えることが生徒の学習意欲に応え、自立を支援する上で意義が大きい。また、指導要録への記載は、必ずしもすべての教科・観点について観点別学習状況及び評定を記載することが求められるものではなく、学習状況の把握の状況に応じてそれを文章記述するなど、次年度以降の生徒の指導の改善に生かすという観点に立った適切な記載に努めることが求められる。

〈学校を休みがちな生徒〉

●体調が優れないので登校できない日が多くありましたが、学校に来た日には級友とにこやかに過ごしていました。自然体験学習には参加して、班のメンバーと協力して行動し、かけがえのない思い出を作ることができました。これからもたくさん思い出が作れるように、諸行事には積極的に参加してください。学習面では、落ち着いて授業に取り組むことができています。学校に来られなかった日も自分なりにワークなどの自主学習に取り組んだ様子がテスト結果から見て取れます。今後は、課題などの提出物にも取り組んでいけるよう頑張ってください。

〈後半不登校傾向になった生徒〉

●6月から学校を欠席することが多くなりました。登校できた日の生活では、みんなと協力して給食準備や清掃等の当番活動にしっかり取り組むことができました。休み時間は友達と仲良く談笑しながら落ち着いた態度で過ごしていました。学習面では、数学と英語が不得手のようです。四則計算の決まりや英語の発音を繰り返し復習してしっかり身に付けるとよいでしょう。体育の授業では陸上競技で高い運動能力を発揮しました。夏休みには、早寝早起きや家の手伝いを継続することで生活習慣を安定させてください。

〈不登校の生徒〉

●毎週金曜日に登校して、自分の一週間の生活や学習の様子を報告することができました。自分で学習した一週間分の問題集やノートを持参して、担任に学習の成果を見てもらうことができました。漢字の書き取りや計算問題はよくできていますが、応用問題は分からないことが多いようです。自分の意思をしっかり持ち、自分を変えていこうという強い決意を聞くことができ、嬉しく思います。来学期は、教育相談室のスクールカウンセラーと面談することにチャレンジしてみてはどうでしょうか。毎週水曜日にスクールカウンセラーが来校します。面談することで、日常生活の悩みを軽減して心の安定を図ることが期待できます。

●本学期は少しの登校日でしたが、お母さんから「自分で朝起きられるようになったことや進路について親子で話し合ったこと」を聞き、自分なりに考えて自立しようと頑張っていることが分かりました。自分で考えて自分のペースで少しずつ生活リズムを整えていくことはとても大切なことです。引き続き生活リズムを整えるように頑張ってください。学校に登校しにくいのであれば、適応指導教室を利用して学習習慣や生活習慣を定着させていくことを考えてみたらどうでしょうか。

〈別室登校の不登校傾向の生徒〉

●学校では相談室の先生方の指導の下、落ち着いた生活態度で過ごすことができました。給食の時間に教室まで給食を受け取りに行くことと帰りの学活の時間に教室の自分の席に座ることを目標にして取り組みました。少しずつ自分でできることを増やそうと努力

している姿を賞賛します。学習面では、英語と社会を中心に問題集に取り組んで力をつけてきました。分からないところを質問できるようにもなりました。得意な美術では、大自然の心温まる様子を表した自然保護ポスターを仕上げることができました。2学期は、登下校の時間が安定するように、早寝・早起きの規則正しい生活を送るようにしてください。

●学校に来ると保健室に入り、養護教諭と話をすることができました。ＳＮＳの話題やファッション関係について詳しく話してくれました。学習面については、ほとんど取り組んでおらず、家庭でも教科書を開くことは無いと言っています。就寝時間は深夜2時以降になることが多く、インターネットを利用していると言っています。今後はスクールカウンセラーとの面談を利用して、心の安定が図れるようにするとともに将来の目標が持てるように指導していきたいと思います。

5　適応指導教室や通級指導教室等に通室する生徒

　不登校の生徒の中には、学校外にある適応指導教室に通っている生徒がいる。心の安定を図ることや自立の基礎的な力を養うことで学校に復帰できるように生活している。ここでの生活や学習の様子は学校に報告されるので、所見に転記して発達の様子を記録することが大切である。また、通級指導教室に定期的に通い、ソーシャルスキルトレーニングなどを受けている生徒もいる。同様に、発達の様子を記録して次年度の指導に活用できるようにしたい。

〈適応指導教室に通う生徒〉

●学校にはほとんど登校できなかったものの、適応指導教室には100日通うことができました。適応指導教室では、気持ちが不安定で心配な状態になると自分で相談員にカウンセリングをお願いして、落ち着きを取り戻すことができるようなりました。自ら相談を依頼できることはとても大切なことで、自立する力が芽生えてきていることを感じます。学習面では国語と数学の問題集に取り組み、基礎的・基本的な内容を身に付けるように頑張っています。今後は、分からないところや疑問に思うところを指導員の先生に質問できるようになってほしいと思います。

●学校に通う日と適応指導教室に通う日をうまく使い分けて、ほぼ毎日登校・通室することができました。学校での不安や心配事等で心が重くなる前に、適応指導教室で心の解放を図れることが安定して登校できる要因になっているようです。学習面では、進学に向けて過去問題や復習プリントを配付していますが、適応指導教室でそれらに取り組み、基礎的な力をしっかり身に付けています。その成果として、実力テストの成績が向

上してきました。今後は、進路先を具体的に選択して、目標を明確にすることで腰を据えて学習に取り組めることと思います。

〈通級指導教室に通う生徒〉

●学習面では、意欲的に学習に取り組み、理解力や発表力があります。しかし、授業中の話し合いで級友とうまく関われないことや提出物をほとんど忘れてしまうことが課題です。そこで、通級指導教室では、円滑なコミュニケーション力をつけることをねらいとして、本人の感情や意思の表出を促す声かけをしてみました。過去の出来事を話す場面で、そのことについて自分の思ったことや感じたことも付け加えて話してみるよう助言したところ、相手に伝わりやすい話し方ができるようになりました。また、ソーシャルスキルトレーニングでは、「生活の中での優先順位の付け方」や「上手な時間の使い方」について学習しました。その成果として、忘れ物や提出物の遅れがないように、自ら気を付ける姿が見られるようになりました。先の見通しをもった行動について意識が高まりました。

●明るく元気に学校生活を過ごし、ユニークな発言はクラスを明るくしてくれました。学習面では、授業中に集中力を欠くことがあり教師の説明を聞き逃すことが多く見受けられました。通級指導教室では、集中力や注意力を養うことをねらいとする「認知処理課題」に毎回取り組みました。前回の記録よりもよい記録を出すことを意識して、より正確に速く処理をしようと、自分のやりやすい方法を工夫して挑戦することができました。その結果、記録に波はありますが、昨年度と比較して集中する様子や注意の向け方に変化が見られ、正確さや速さが向上しています。授業中の集中力の向上が期待されます。

●参考文献

中央教育審議会初等中等教育分科会教育課程部会「児童生徒の学習評価の在り方について（報告）」平成31年1月21日

文部科学省「小学校、中学校、高等学校及び特別支援学校等における児童生徒の学習評価及び指導要録の改善等について（通知）」平成31年3月29日

中学校生徒指導要録（参考様式）

様式1（学籍に関する記録）

区分 ＼ 学年	1	2	3
学　級			
整理番号			

学　籍　の　記　録

<table>
<tr>
<td rowspan="3">生
徒</td>
<td>ふりがな</td>
<td colspan="2"></td>
<td rowspan="2">性
別</td>
<td>入学・編入学等</td>
<td>　年　　月　　日　第 1 学年　入学
　　　　　　　　第　　学年編入学</td>
</tr>
<tr>
<td>氏　名</td>
<td colspan="2"></td>
<td rowspan="2">転　入　学</td>
<td rowspan="2">　年　　月　　日　第　学年転入学</td>
</tr>
<tr>
<td>生年月日</td>
<td colspan="3">　　　年　　　月　　　日生</td>
</tr>
<tr>
<td></td>
<td>現住所</td>
<td colspan="3"></td>
<td>転学・退学等</td>
<td>（　　　　年　　月　　　日）
　　　　　年　　月　　　日</td>
</tr>
<tr>
<td rowspan="2">保
護
者</td>
<td>ふりがな</td>
<td colspan="3"></td>
<td rowspan="2">卒　業</td>
<td rowspan="2">　　年　　　月　　　日</td>
</tr>
<tr>
<td>氏　名</td>
<td colspan="3"></td>
</tr>
<tr>
<td></td>
<td>現住所</td>
<td colspan="3"></td>
<td rowspan="2">進学先
就職先等</td>
<td rowspan="2"></td>
</tr>
<tr>
<td colspan="2">入学前の経歴</td>
<td colspan="3"></td>
</tr>
<tr>
<td colspan="2">学　校　名
及　　　び
所　在　地
(分校名・所在地等)</td>
<td colspan="5"></td>
</tr>
</table>

年　度	年度	年度	年度
区分 ＼ 学年	1	2	3
校長氏名印			
学級担任者 氏　名　印			

参考資料

様式2（指導に関する記録）

生 徒 氏 名	学 校 名	区分＼学年	1	2	3
		学　　　級			
		整理番号			

各 教 科 の 学 習 の 記 録

教科	観 点 ＼ 学 年	1	2	3	教科	観 点 ＼ 学 年	1	2	3
国語	知識・技能					知識・技能			
	思考・判断・表現					思考・判断・表現			
	主体的に学習に取り組む態度					主体的に学習に取り組む態度			
	評定					評定			

特 別 の 教 科 　道 徳

学年	学習状況及び道徳性に係る成長の様子
1	
2	
3	

社会	知識・技能			
	思考・判断・表現			
	主体的に学習に取り組む態度			
	評定			
数学	知識・技能			
	思考・判断・表現			
	主体的に学習に取り組む態度			
	評定			

総 合 的 な 学 習 の 時 間 の 記 録

学年	学 習 活 動	観 点	評 価
1			
2			
3			

理科	知識・技能			
	思考・判断・表現			
	主体的に学習に取り組む態度			
	評定			
音楽	知識・技能			
	思考・判断・表現			
	主体的に学習に取り組む態度			
	評定			
美術	知識・技能			
	思考・判断・表現			
	主体的に学習に取り組む態度			
	評定			
保健体育	知識・技能			
	思考・判断・表現			
	主体的に学習に取り組む態度			
	評定			
技術・家庭	知識・技能			
	思考・判断・表現			
	主体的に学習に取り組む態度			
	評定			

特 別 活 動 の 記 録

内 容	観 点 ＼ 学 年	1	2	3
学級活動				
生徒会活動				
学校行事				

外国語	知識・技能			
	思考・判断・表現			
	主体的に学習に取り組む態度			
	評定			

160

生 徒 氏 名

行　動　の　記　録

項　　目　＼　学　年	1	2	3	項　　目　＼　学　年	1	2	3
基本的な生活習慣				思いやり・協力			
健康・体力の向上				生命尊重・自然愛護			
自主・自律				勤労・奉仕			
責任感				公正・公平			
創意工夫				公共心・公徳心			

総 合 所 見 及 び 指 導 上 参 考 と な る 諸 事 項

第1学年	
第2学年	
第3学年	

出　欠　の　記　録

区分＼学年	授業日数	出席停止・忌引等の日数	出席しなければならない日数	欠席日数	出席日数	備　　　考
1						
2						
3						

執筆者一覧

●シリーズ編集代表

田中耕治（佛教大学教授／京都大学名誉教授）

●編著者

盛永俊弘（京都大学大学院教育学研究科特任教授）
田中容子（京都大学大学院教育学研究科特任教授）

●執筆者

田中容子（前掲）……………………………………………… 第1章1・2
盛永俊弘（前掲）……………………………………………… 第1章3、第2章6〜8
古市文章（佛教大学特任教授）……………………………… 第2章1〜5
内田祐輔（京都府立園部高等学校附属中学校教諭）……… 第3章　国語
堤　　賢二（佐賀県唐津市立第一中学校校長）……………… 第3章　社会
柳内祐樹（滋賀県近江八幡市立八幡中学校教諭）………… 第3章　数学
林　　浩子（大阪府寝屋川市立第五中学校教頭）…………… 第3章　理科
多賀秀紀（富山大学講師）…………………………………… 第3章　音楽
波多野達二（佛教大学准教授）……………………………… 第3章　美術
内田千文（京都府長岡京市立長岡中学校講師）…………… 第3章　保健体育
山本俊夫（大阪府枚方市立招提北中学校校長）…………… 第3章　技術・家庭〈技術分野〉
西村　　香（京都府長岡京市立長岡第四中学校教諭）……… 第3章　技術・家庭〈家庭分野〉
小倉弘之（群馬県渋川市立赤城北中学校校長）…………… 第3章　外国語
小林　　園（京都府総合教育センター
　　　　　主任研究主事兼指導主事）……………………… 第3章　特別の教科　道徳
大原武史（大阪府寝屋川市立第一中学校校長）…………… 第3章　総合的な学習の時間
三輪秀文（京都府総合教育センター教育相談指導員）…… 第3章　特別活動の記録
宇川和余（京都府立鳥羽高等学校教諭）…………………… 第3章　行動の記録
太田洋子（兵庫県伊丹市立総合教育センター所長）……… 第3章　総合所見及び指導上参
　　　　　　　　　　　　　　　　　　　　　　　　　　考となる諸事項
上原志之夫（群馬県渋川市教育研究所所長）……………… 第3章　支援が必要な子どもに
　　　　　　　　　　　　　　　　　　　　　　　　　　対する文例とアセスメント

（職名は執筆時現在）

●シリーズ編集代表

田中耕治（たなか・こうじ）
1980年京都大学大学院教育学研究科博士後期課程満期退学。大阪経済大学講師、助教授、兵庫教育大学助教授を経て京都大学大学院教授、2017年より佛教大学教授。専門は教育方法学、教育評価論。編著書に『教育評価』（岩波書店）、『教育評価の未来を拓く』『よくわかる教育評価』『戦後日本教育方法論史（上下巻）』（ミネルヴァ書房）など多数。

2019年改訂指導要録対応

シリーズ **学びを変える新しい学習評価**
文例編 **新しい学びに向けた
新指導要録・通知表〈中学校〉**

令和2年1月1日　第1刷発行
令和4年1月20日　第4刷発行

編集代表　田中耕治

発　行　株式会社ぎょうせい

〒136-8575　東京都江東区新木場1-18-11
URL：https://gyosei.jp

フリーコール　0120-953-431

ぎょうせい　お問い合わせ　検索 https://gyosei.jp/inquiry/

〈検印省略〉
印刷　ぎょうせいデジタル株式会社
乱丁・落丁本はお取り替えいたします。
©2020　Printed in Japan　禁無断転載・複製
ISBN978-4-324-10731-7（3100544-01-005）〔略号：学習評価2019（文例中）〕